AF451895

MEDICIS.

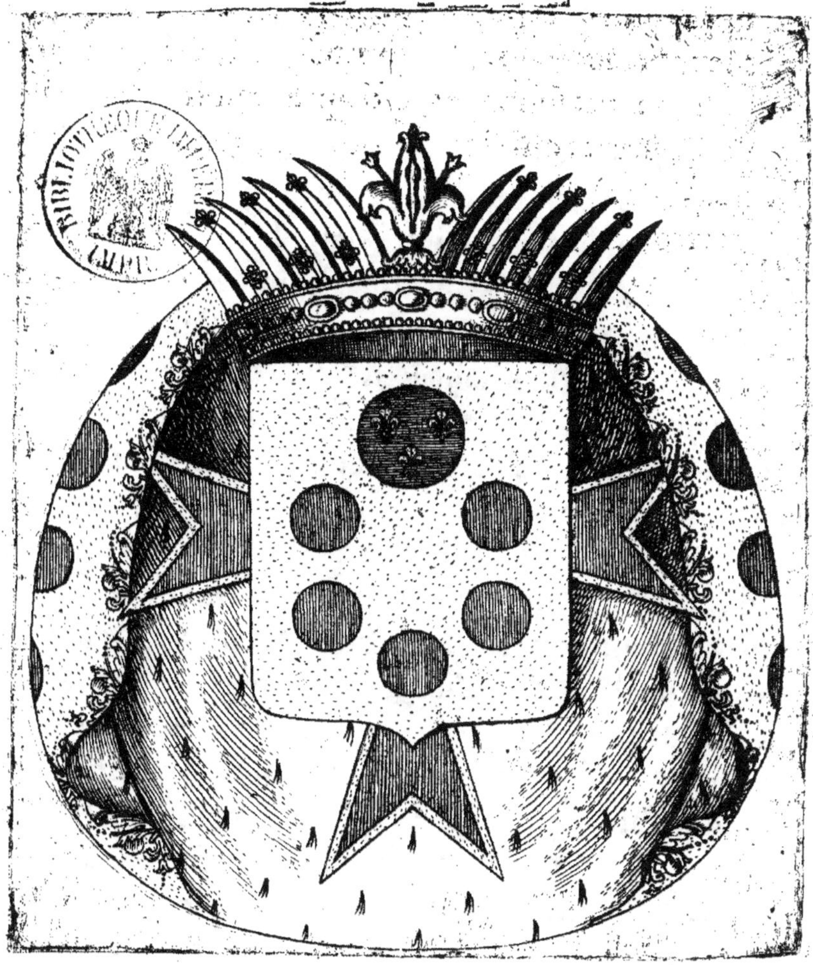

CEſt dans l'Auguſté famille de Medicis, que la
valeur & la bonne fortune des premiers Ceſars
ſe treuue reſſuſcitée, les Coſmes, les Laurens, Pierre,
Iean, François & Ferdinand, ſont autant de Iules, &
d'Auguſtes, pour la gloire deſquels les Aſtres & la
Terre conſpirerent,& firent conſerter toutes les Vertus

tus auec leur naiſſance, pour former ces demy-dieux,
qui ont rendu le repos à leur nation , & l'abondance
dans leur ſiecle : ſe ſont ſes inuincibles, ces grands &
magnifiques perſonnages, qui aprés auoir pacifié l'E-
ſtat de Toſcane, qui depuis 300. ans , gemiſoit parmy
l'horreur & le trouble d'vne continuelle guerre ciuille,
ont fait trouuer de la felicité dans la ſujéction de leur
empyre : la victoire à touſiours ſuiui leurs armes, parce qu'ils ont touſiours pris le party de l'innocence affligée , & que baniſſant le deſordre & la reuolte de
leur terre : ils y ont receu les Muſes errantes, & les doctes Eſcriuains , que l'ignorace & la barbarie auoient
exilés de leur pays natal, l'Egliſe les a pris pour ſon
apui, à cauſe que la picté à ſeruy de baze à leur
grãdeur, vn ſeul ſiecle à veu quatre Princes de ce nom
dans la Chaire de Sainct Pierre, & preſque tous les
Troſnes de l'Europe aliés de cette maiſon, qui recon-
noit Eurard de Medecis , pour ſon fondateur de meſme que ceſt inuincible conquerant le fauori, & le
Chambellan de Charlemagne , apeloit ceſt Empereur le Createur de ſa fortune , ce fut toutes-fois
ſa vertu qui le fit ſurnommer inuincible , & qui luy
ouurit vn paſſage à la ſouueraineté, de meſme qu'elle
à fait à ſes deſcendants, Les Florentins l'ayant prié de
les deſliurer de la tyrannie de Mugel, qui deſertoit
cette contrée, noſtre Heros François abatit ce Geant
par la force de ſon courage, & captiua le cœur des
Florentins , par celle de ſon amour, Charlemagne
couronna le victorieux, & non pas ſon fauori qui
n'eſtoit entré dans ſes bonnes graces que par les chãps
de

de victoire , & les paſſages qu'ils auoit forcés ſur les
Lombards & autres ennemis du nom François. L'hiſtoire auſſi ne parle point de plus grande gratifica-
tiõs de ce Monarque, à ce Heros, que du don qu'il luy
fit des armes de ſon ennemy, que S.M. luy ordõna de
porter dans le champs de ſon Eſcu , pour eternel ſou-
uenir de cette glorieuſe action, & qui depuis à ſeruy
d'Egide à tous ſes ſucceſſeurs , contre l'effort des autres monſtres qu'ils ont terraſſés : cette recompence
toute ſpirituelle , exprime aſſez la generoſité d'Eurar,
qui fit regner l'honneur & la gloire par deſſus l'abondance & les richeſſes , & qui a tranſmis cette vertu
Royalle à ces neueux, les magnifiques , les pieux, &
les grands Medicis, heritiers de tant de rares qualités,
comme de ſon inclination pour la gloire des Fleurs
de Lys, qu'il n'ont fait germer dedans leurs terre, que
pour en perpetuer la ſemence, & la rendre immortel-
le. Pierre de Medicis , Admiral de Prouence, ſous le
regne du Comte Idelfons I I. l'an 1189. ne parut pas
moins bon François, que braue Capitaine, lors qu'a-
uec le renommé Montaulieu ſon frere d'armes, il
defit la flote Genoiſe, & ramena vn nombre infiny de
priſonniers au Port de Marſeille, vn autre Pierre du
meſme non , que l'on appelle Mege en langage Pro-
uençal, tient la premiere place entre nos Admiraux
de France, il ſe ſignala ſous le regne de Charle I V.
l'an 1327. & depuis cette inclination Françoiſe c'eſt
touſiours meſlee auec la valeur des Princes de ce nom
tant de fois remarqués entre les plus puiſſants qui ont
ſecomdé les armes de nos Roys, de la maiſon d'Anjou.
mai

mais on peut dire auec verité, que les Cofmes, les Laurens & les Pierre reffufcitant en leur perfonne, la majefté de leurs premiers anceftres, ont auffi fait reuiure ceft amour pour la France, auec plus de vigueur & d'expreffion : Pierre de Medicis, Gouuerneur de la Republique, parut fi zelé partifant des Fleurs de Lys, que le Roy Louys X I. luy porta toufiours vne finguliere affection, comme au magnifique Laurent, que fa Majefté apeloit fon Coufin, & qu'il auoit tous en telle eftime, que lors de la coniuration formée contre leur famille, le Roy enuoya le Seigneur Dargenton fon Ambaffadeur à Florence, pour tefmoigner à la Republique, l'intereft qu'il prenoit à la conferuation de l'authorité de fes Princes, à qui la vertu à toufiours plus donné que la fortune, ce Pierre qui premier chargea vn tourteau de fes armes des Fleurs de Lys de France, aprés les auoit portée long-temps dans le cœur, prefera la gloire de nos conqueftes à la liberté de fon pays, il ouurit les portes de Sarzane & Sarzanele, au Roy Charles VIII. ou pluftoft luy fraya vn libre paffage à la conquefte de Naples, mefprifent les profcriptions des Florentins, le pillage de fes maifons, & la perte de tous fes biens, pour maintenir l'intereft de nos armes en Italie, ainfi que fit depuis à fon exemple, l'inuincible Iean de Medicis, fi renommé dans fes mefme guerres,& de qui la valeur faifoit la bonne fortune de nos combats, & feruoit d'aymant pour attirer les plus grands Capitaines à noftre party, fon courage menaçoit tout le Milanois de feruitude, & la ville de Pauie

qui

qui aloit deuenir noftre captiue, n'eut iamais triom-
phé de la liberté du Roy François, fi cét autre Achile,
bleffé d'vne moufquetade au talon deuant cette place
n'auoit efté contraint de fe faire porter à Plaifance,
Mais quand le fang de Medicis manque d'occafion de
fe rependre pour fortifier l'Eftat François, il deuient
fecond pour acroiftre & perpetuer la famille de nos
Roys, du mariage de Laurent de Medicis, auec Mag-
delaine, fille de Iean de la Tour Comte, d'Auuergne,
& de Ieanne, fœur de François de Bourbon, Comte
de Vandome, nafquit vne fille vnique, Caterine de
Medicis, qui releuant les efperances de la France, fe
rendit Mere, non feulemét de trois Roys, mais encore
de l'Eftat & du Royaume, qu'elle conferua par fa prudence & grandeur de courage, ainfi que ledit Henry
troifiéme l'vn de fes fils, l'hors qu'il harangua aux
derniers Eftat de Blois & comme la chanté le Prince de nos Poëtes.

De voftre grace vn chacun eſt en paix,
dit il, en parlant a cette grande Reyne,
Pour le laurier l'oliuier eſt eſpais
Par toute france, & d'vne eſtroite corde
Aués ferrè les deux mains de Difcorde, &c.

En effeɛt cette incomparable Princeffe, capable du
maniment des plus grandes affaires, gouuerna auec
tant d'efprit dans le temps de fes regences, qu'elle
rendit le repos à tout le Royaume, malgré la reuolte
& rebellion de fes fubiets.
Portant, comme dit le mefme Ronfard,
- - - - - *Pour impofer aux rebelles la Loy,*

Dedans

Dedans vn corps de Femme vn courage de Roy.

Charle IX. fon fecond fils ne trouua point de fecours plus puiffant contre les rebelles heretiques de France que celuy qu'il receut du grand Duc Cofmes de Medicis, lequel outre cent mil efcus qu'il prefta au Roy pour la fubuention de fon armée, il luy enuoya encore des troupes a fes frais pour hafter le repos de fon Royaume, & ce fuft cette derniere action qui reueilla dans l'efprit du Pape Pie V. le fouuenir de tant d'autres heroïques expeditions de ce Prince, que fa Sainɛteté Couronna en qualité de grãd Duc de Tofcane, ce fut encore pour nous cõtinuer des faueurs au dela de fa vie, que Cofme laiffa deux fils, François Pere de noftre Reyne Marie (dont la fecõdité à donné tant de Roys, & de Souuerains à l'Europe, & qui fait auiourd'huy heureufement regner le ieune & victorieux Monarque, Louys Dieu donné) & Ferdinand qui fut fi afectionné à cette Couronne, qu'il n'euft ny biens, ny Eftats, qu'il n'expofat genereufement pour maintenir fon autorité: il conferua les Ifles Dieres, & Chafteau Dif, contre les entreprife de l'ennemy, prefta des fommes immances au Roy, & le Cardinal Doffat, l'en remerciant de la part de fa Majefté, & luy faifant offre de feruices: *Il s'en treuueroit peu, dit-il, qui pretaffent de fi groffes fommes : mais encore moins, qui pour feruir autruy, azardaffẽt tout le leur, comme fon Eftat, toute fa fortune, & celle de fes enfans. Je ne dis cella que pour monftrer le zelle que i'ay eu à l'exaltation & feruice du Roy. & à la conferuation de l'Eftat de France: ie loüe Dieu d'auoir fi bien fuccedé, & fuis obli-*

ge

gé au Roy de la bonne souuenance qu'il en a, & de tant d'offres qu'il me fait, & comme i'attendray toute protection de sa Majesté, ainsi luy demeureray-ie tres-humble seruiteur toute ma vie, & esleueray quatre enfans masles que Dieu m'à donné, en cette deuotion vers le Roy & la Couronne de France:

Ce sont les mesmes paroles de ce grand Prince, l'amour & les delices de Henry le Grand, aussi bien que Iullien de Medecis, & nostre Legat en France, le parfait amy de cest Estat, Alexandre qui pour le bien de la Chrestienté, remplit si peu de temps la Chaire de S. Pierre, soubs le nom de Leon II. mais la mort ne peut esteindre cette ardeur d'inclination Françoise dans la maison de Medecis : cest vn feu violant qui dure, & deuient plus ardent en vieillissant ; vn second Ferdinand tient auiourd'huy la place de son Ayeul, ou plustost il possede auec le Trosne les qualités de tous ses predecesseurs : ce Prince à le courage d'Eurard, la pieté du grand Cosmes, il est aussi magnifique que Laurent, liberal comme Iulien, non moins prudent que son Ayeul, & aussi iuste que Cosme son pere : son affection pour la France à tousiours esté immuable, & c'est exprimée en toute occurence, la naissance de nostre Roy Dieu donné, ne fit point naistre de commune ioye dans le cœur de S. A. & les tesmoignages qu'elle en rendit à la Cour par son Ambassadeur extraordinaire, ne furent que de foibles interprete de ses pensées, & son contentement se lisoit bien mieux sur son visage, qu'il ne se faisoit entendre par des paroles.

Si

Si l'intereſt de ſes aliez luy a fait prendre les armes l'entremiſe du Roy la porté auſſi-toſt à la paix , & par des gratifications dignes d'vn ſi grand Prince,il a magnifiquement regalé les Miniſtres de ſa Majeſté, c'eſt vne bonté de ſource qui ne s'eſpuiſe point pour noſtre nation, & qui ſe rend ingenieuſe à nous faire faueur: l'an 1646. lors qu'il donna paſſage à noſtre armée dans ſes Eſtats , les obligentes ciuilités que ſon Alteſſe rendit à nos Generaux, & l'abondance des viures & de munitions qui remplirent noſtre camp, firent bien connoiſtre que l'exacte nutralité ne peut rien ſur la force du ſang , qui lie ſi eſtroitement ce Prince dans les intereſts de la France. Son Alteſſe Sereniſſime, Ferdinand II. du nom, Grand Duc de Toſcane , continuë par ſa ſage, & bonne politique, de gouuerner heureuſement ſon Eſtat , pour la gloire & le repos duquel le Ciel luy à donné des enfans de ſon mariage, auec la Sereniſſime Victoire de la Roüere Môtfeltre, fille & heritiere du Prince Federic Vbaldé Duc d'Vrbin, & de Claude de Medicis,Princeſſe dont les beautez de l'eſprit reſpondent aux graces qu'elle a receuës de la naiſſance,& qui voit auiourd'huy refleurir les Lys de Toſcane, ſoubs l'orient de ce nouuel aſtre, le Prince Coſme ſon fils ayné, qui promet desja par la bonté de ſon naturel, qui deuance les lumieres que l'aage donne à la vertu , que le nom de grand accompagnera toute ſes actions.

Monſeigneur le Grand Duc de Toſcane porte pour armes, d'or à cinq tourteaux de geulles,deux,deux, & vn,& vn,ſixſieſmeſpoſé en chef,d'azur,chargé de trois

Fleurs

Fleurs de Lys d'or, par confession du Roy Loüys XI.
donnée à Pierre de Medicis, depuis le grand Duc
Cosme, ayant institué l'Ordre de Sainct Estienne, l'an
1561. il accompagna sesdites armes d'vne Croix d'or,
emaillée de gueulles, & huict ans aprés, l'ors qu'il fut
couronné Grand Duc de Toscane, par le Pape Pie V.
qui luy mit sur la teste vne Couronne d'or à fleurons,
releués de pierreries, du prix de 120000. escus d'or,
dans la baze de laquelle estoient grauées ces paroles
Latines, *Pius Quintus Pontifex maximus ob eximiam di-*
lectionem & Catholicæ religionis zelum precipuum que
iusticiæ studium donauit.

Ce Prince & ses successeurs en ont orné leurs armes qui doiuět encore paroistre sur le manteau Ducal,
bordé de Fleurs de Lys de Florence: cette maison
Souueraine n'a point de deuise particuliere, Cosme le
Grand, prit le signe du Capricorne, auec ses paroles,
qu'il dit à son Oncle le Cardinal Innocent Cybo, aprés
l'assassinat d'Alexandre de Medicis, *Fidem fati virtute*
sequamur, se souuenant qu'il estoit né soubs le mesme
signe que l'Empereur Auguste, & que Bazille, Ma-
thematicien, & le Grec Ariolus luy auoient predit
qu'il luy arriueroit vn grand heritage ; le Grand Duc
François son fils, auoit pour le corps de sa deuise,
le crapaut & la bellette affrontés, & pour lame, ses
mots Latins *Amat victoriæ curam.*

STROSSY.

L'ILLVSTRE & renommée Famille de Stroſſy, telle que les premiers nobles Arcadiens, ſemble n'auoir pas moins d'ancienneté que les Aſtres & la lumiere; Elle tire ſon Origine & ſon Nom de Stroſſa Proconſul de l'Aſie, ſous l'Empire de Theodore deuxieſme, lequel fut enuoyé en Italie pour fauoriſer les armes d'Honorius

d'Honorius, Oncle de Theodore, contre les Goths; &
ce fut en cette expedition, qu'il donna de si certaines
preuues de sa valeur & bonne conduite, qu'apres auoir
deffait les ennemis, l'Empereur le créa Gouuerneur perpetuel des Prouinces de Toscane, Romagne, & Om-
brie. Aucuns, toutesfois, font sortir cette Maison d'vn
Duc de Lombardie; quoy qu'il en soit il y a plus de
cinq-cens ans que ce Nom s'est rendu fameux dans la
Toscane; Nanny Stroffy fut plusieurs fois General des
Florentins contre les Viscomtes de Lombardie, & se
rendit si glorieux par ses victoires que ses descendans
ont merité d'entrer dans l'augufte Alliance des Medicis;
Palla & Thomas Stroffy donnerent commencement ez
branches qui ont fleury à Ferrare, & à Mantouë; &
Pierre, fils de Phillippe, & de la courageuse Clarice de
Medicis, Tante de la Reyne Catherine, vint au seruice
de cette Couronne apres la iournée de Monmurle; ses
vertus luy acquirent le surnom de Grand, & le baston
de Mareschal de France ne fut qu'vne mediocre recom-
pense de sa valeur; il commanda long-temps les bandes
Italiennes, & seruit dignement en Piedmont auec le renommé Guy de Rangon, il se trouua à la bataille de Ce-
risoles, & fut au secours des Escossois, où il battit l'An-
glois à toute rencontre. A son retour estant fait Lieutenant general de nostre armée en Italie, il secourut & rendit la liberté aux Sienonis, deffit le Marquis de Marignan
en diuerses occasions, & enfin estant de retour au siege
de Thionuille il y receut vne mousquetade dont il
mourut l'an 1558. Ce Seigneur portoit pour deuise vne
Lune qui emprumptoit sa clarté des rayons d'vn Soleil
qui

qui luy eſtoit oppoſé, auec cés paroles latines. *Non proprio ſplendore coruſcans.* Voulant faire entendre que c'eſtoit l'Aſtre de la France, la bien-vueillance du Roy, qui donnoit l'eſclat & le luſtre à toutes ſes actions. Philippe ſon fils, qui eut pour Mere la Domina de Medicis, ne ſe rendit pas moins conſiderable ſous le Regne ſuiuant; il porta auſſi glorieuſement le baſton de Mareſchal de France, & le Colier de l'Ordre du S. Eſprit, qu'il receut à la premiere promotion; le Roy l'honnora pareillemét de la charge de Colonel general de l'Infanterie Françoiſe, auec laquelle il mit à fin diuerſes entrepriſes militaires. Il fut ez priſes de Calais & de Guines; & enfin commandant noſtre Armée Nauale au recouurement du Royaume de Portugal il fut tué le vingt-deuxieſme Iuillet 1585. Leon Stroſſy, Grand Prieur de Capouë, l'vn des renommez Capitaines de mer de ſon temps, rendit de pareils ſeruices à cette Couronne. Ce fut luy qui conduiſit la ieune Reyne d'Eſcoſſe en France, & qui accompagna Barberouſſe à la priſe de Nice, & pluſieurs autres expeditions. Laurens Stroſſy, de pareille valeur, porta long-temps les armes ſous le Regne d'Henry ſecond, & commanda vn corps d'Armée en Languedoc contre les Religionaires, depuis changeant de profeſſion il receut la Chapeau de Cardinal. Octaue Stroſſy Neueu du Cardinal Bandini a pareillement bien merité de cette Couronne par les diuers ſeruices qu'il a rendus à l'Eſtat, auquel Alphoncine Stroſſy eſtant demeurée ſeule de cette branche, elle eſpouſa Scipion de Fieſque, de laquelle alliance ſont iſſus les Comtes de ce Nom en France. L'Illuſtre Maiſon de Stroſſy continuë en Toſcane,

cane, & florit autant dans l'Eglife que dans les Charges
militaires. Alexandre Archeuefque de Fermo, Neueu
du feu Cardinal Bandini , & fon Frere Robert Euefque
de Cole,accompagnent de leur pieté & fçauoir la valeur
de l'aifné de cette Maifon, qui porte qualité de Duc.

Et a pour Armes d'or à la face de gueules , chargée
de trois croiffans, contournées d'argent; aucuns de cette
maifon portent la face de fable; cimier &c. fupport, &c.

Le Seigneur Fabien Stroffy petit Neueu du fufdit
Marefchal, & dont le courage s'eft fait voir en Italie au
temps de nos guerres d'Orbitelle, eft refté encore en
France pour y perpetuer vne branche de cette Illuftre
fouche, qui ne doit finir qu'auec les Elemens.

GONDY.

LE nom de Gondy n'a esté donné à cette illustre &
ancienne famille qu'apres que ceux de ce sang se
sont rendus celebres en Espagne sous le nom des Philip-
pes. Nous comptons huict cens ans depuis qu'vn rameau de cette tige s'esleua dans la Chaire de Saint Pierre sous le nom du Pape Iean huictiesme. Les Seigneurs
du

nom de Gondy ont occupé les premieres charges de la
Republique de Florence , comme le Priorissé en fait
foy. Fort de Gondy fils de Bellicus estoit Senateur dez
l'an 1176. L'an 1256. René de Gondy signa la paix des Pi-
sans : Bernard du mesme nom fut honnoré de la dignité
de Gonfalonier ; mais la France n'est redeuable à ces
grands personnages que depuis le temps que Iean de
Gondy & tous ceux de sa maison iurerent de ne plus
adherer au parti Gibelin, & d'estre à l'aduenir bós Guelphes , & fideles au parti que les Princes d'Anjou & de
Valois auoient embrassé. L'acte public fut passé l'an
1351. depuis cette inclination Françoise s'estant accreuë
par l'alliance d'Heleine fille de Simon de Gondy auec
Iean Saluiaty, qui furent ayeuls de Marie Saluiaty, femme de Iean de Medicis , Hierosme de Gondy suiuit la
Reyne Catherine en France , en qualité de Cheualier
d'honneur de sa Majesté , de mesme que fit Alphonce
de Gondy , premier Maistre d'Hostel de ladite Reyne,
comme il paroit par cet Epitaphe posé au Chapitre des
Augustins d'Auignon.

*Hic iacet Perillustris Dominus Alphonsus de Gondy
anno Domini millesimo centesimo & supra, ex peruetusta
Philipporum stirpe oriundus, inter hetruriæ Patricios cla-
rissimus Eques torquatus, Catharinæ Mediceæ Galliarum
Reginæ Primarius Oeconomus anno Domini septuagesimo
quarto emortuus.* Et plus bas , *In hoc etiam Mausoleo
includitur Philippus de Gondy , Dominus de Campiam ,
Alphonsi Nepos ; Henrico tertio Galliæ & Poloniæ Regi à
secretioribus Consilijs.*

Antoine Seigneur du Perron , Maistre d'Hostel de
Henry

Henry second espousa Marie de Pierre-Viue, de tres-ancienne maison en Piedmont, laquelle fut Gouuernante des enfans de France, & mere d'Albert de Gondy, Duc de Rets, Pair, Mareschal, & General des galeres de France, Fauory du Roy Charles neufuiesme, duquel il traitta le mariage auec Elizabeth d'Austriche en Allemagne. Il fut aussi Ambassadeur en Angleterre, & posseda les Gouuernemens de Prouence , Mets & pays Messin, & de la Ville & Chasteau de Nantes : de son mariage auec Catherine de Clermont de Viuonne, il eut plusieurs enfans , l'aisné desquels Charles Marquis de Belle-Isle espousa la Princesse Antoinette d'Orleans, de laquelle il eut vn seul fils Henry Duc de Rets, Pair de France, Cheualier des Ordres du Roy , dont la fille vnique heritiere a par dispence espousé son Cousin Germain, cy-deuant General des galeres, fils de Philippe Emanuël de Gondy Comte de Ioigny , aussi General des galeres, & Cheualier des Ordres du Roy , & frere de Iean François Paul de Gondy Cardinal de Rets , Archeuesque de Paris, Damoyseau de Commercy, & Souuerain Prince de Vaille : le troisiesme de cette famille, qui a esté honnoré de la pourpre sacrée; l'vn desquels, Pierre Cardinal de Gondy , grand Aumosnier d'Elizabeth femme de Charles neufuiesme, Commandeur de l'Ordre du S. Esprit, reconcilia le Roy Henry quatriesme auec le Pape Clement huictiesme , & eut l'honneur de baptiser le Roy Louys treisiesme. La branche de la Maison de Gondy en France est entrée dans l'alliance des maisons de Bourbon , d'Orleans, de Luxembourg, Montmorency, Laual, Silly, Amboise, Clermont, S. Se-
uerin,

uerin, Rohan, Sarbruche & autres des plus illustres de ce Royaume : de mesme que l'Italie forme vne branche non moins glorieuse, & qui paroit principalement en la personne du Magnifique Cheualier le Bailly de Gondy, Secretaire d'Estat, & des Commandemens de son Altesse Monseigneur le Duc de Florence, lequel porte pour armes comme ceux de France :

D'or à deux masses d'armes de sable posées en sautoir, liées de gueules ; cimier vn bras armé, tenant vne masse d'armes de mesme ; support deux sauuages de carnation tenant comme le cimier.

DIACETTO.

LEs plus rapides fleuues ne se vont geter dans la
Mer que pour retourner vne autre fois arroser la
terre & rendre de nouueaux hommages aux lieux dont
ils tirent leur source. La maison de Diacetto qui selon
l'Abbé Vghellus dans son liure de l'Italie sacrée, sort du

sang de ce fameux auanturier Robert Guichard de
Normandie, qui se couronna Roy des deux Siciles,
& porta ses armes victorieuses iusques en la Palestine,
semble dans ces derniers siecles auoir voulu par vne
iuste recognoiscence faire vn present à nos fleurs de
Lys, d'vne des branches de cette anciéne souche, qui des
puis l'an 1494. s'est faict renommer en l'estat de
Florence, par trente Seigneurs Prieurs de la liberté,
& cinq Gonfaloniers souuerains Gouuerneurs de la
republique, lesquels à l'exemple de leurs ayeuls ont
faict diuerses conquestes en la Toscane. Machianél
raporte que l'an 1400 Paul Diacette occupa par sa valeur la ville, & souueraineté de Luques, & dans le
quartier de saincte Croix anciene habitatió de ceux de
ce nom on, à veu fleurir en toutes sortes de vertus plusieurs grands hommes, de cette famille autant par les
letres que par le courage & dans ces derniers temps,
l'illustrissime Francesco Catani de Diaceto Euesque
de Fiesole, s'est acquis la reputation d'vn des plus
doctes, & grand Theologiens de toute l'Italie mais
quelques puissants aduantages que leur ait donnés
letude & lepée ils n'ont point acquis plus de gloire, par
lexercise des armes, & des sciences, que par les augus-
tes liens du sang qui les ont aliés du Pape Vrbain 8. l'vn
des plus dignes pontifes qui ait rempli la chaire de
sainct Pierre, & des Royalles & souueraines familles
d'Aquauiue, d'Arragon, de Medicis & de Gonzague.
    Louys de Diacetto qui suiuit en france la Reine Ca-
therine de Medicis, à la quelle au raport de Zazera il
auoit l'honneur d'appartenir, fut aussi marié de la

main de cette Princeffe qui luy fit efpoufer Anne
d'Aquauiue d'Arragon alors fille d'onneur de la *Reine*
Louyfe de Lorreine, cette Dame dont les vertus, &
l'extreme beaute, leidifputoient auec la grandeur de fa
naiffence, tiroit toutesfois fon origine des premiers
Ducs de Bauiere, celon l'opinion d'Anfelmo *Brefciano*,
qui dit que fes ayeuls ont pris le nom d'Aquauiue
quoniam recordati de rheni fluentis ex quibus fontes limpi-
diffimos in eorum habitationibus acceperant Francefco
Elio Marquefe dit que les maifons d'Aquauiue &
Caraciol fortent de mefme fouche, comme en effect ils
portent mefme armes, & que de quatre Freres venus en
Italie auec l'empereur *Barberoufe* l'vn d'eus donna
commencement à la Famille de Caraciol, & l'autre
appelé Corrad fut fondateur de celle d'Aquauiue. Le
premier de ce nom dont parle fcipion amirante fut vn
Reinaud d'Aquauiue, qui efpoufa forefta fille de Leon
d'Atri, de grande & Illuftre maifon dans la pruzze, á
qui l'Empereur Henry 5 fit den de plufieurs terres &
places, en recompancé de fes feruices. Defpuis ce fut
en faueur d'Andrématée d'Aquauiue, & de fon mariage auec la niepce du Pape *Boniface* 9. que Ladiflas eri-
gea la terre d'Atri en Duche l'an 1402. fon fils Antoine
2. du nom eut l'honeur d'efpoufer la Princeffe Marie,
fille de ce mefme Monarque, & Giulio Antonio fixief-
me Duc d'Atri, gendre du Prince de Tarante, fut
faict Prince de Terramo par le Roy ferdinand d'Arragon, l'an 1464 qui luy côceda & à toute fa race, le peu-
uôir de prendre le non & les armes d'Arragon, fon fils
Andrématée troifiefme du nom prit le parti du Roy

Louys douze, lors des guerres de naples, mais comme
la Iuſtice des armes ne reſiſte pas touiour au ſort, & à
la fortune, ce Prince conduiſant ſes troupes au quartier
de noſtre vice Roy, fut attaqué par Pierre de Nauarre
prés de *Rutiliane*, qui plus puiſſant en nombre, mit
ſes gens en route tua ſon Oncle Iean Antoine à ſes coſ-
tes, & le fit priſonnier, accident dit Guichardin qui fut
funeſte pour les François. Cette diſgrace des armes
nempecha point ſont petit fils Giulio Antonio 2. du
nom, de ſe rendre encore partiſant de nos aduantages,
preferant l'intereſts de la France, à la conſeruation de
tous ſes biens, que l'Eſpagnol luy confiſqua, il ſeruit
long temps au ſiege de Naples auec ſon fils Iean François, le quel apres le decés de ſon Pere ſeretira en France a la cour de Henry 2. qui au raport de Franceſco
Zazera en ſon hiſtoire des familles d'Italie, le fit Cheualier Commendeur de l'ordre de S. Michel, & luy
donna auec vne compagnie d'ordonnance la Seigneurie de Briéconterobert, ce Prince ſe maria en France
auec ſa couſine Camille Caraciol fille du Prince de
Melfe de la quelle il eut Gioſias 3. du nom, &
la ſuſdite Princeſſe Anne d'Aquauiue d'Arragon,
Gioſias mourut en bas age, de ſorteque cette belle &
vnique heritiere de tous les biens de ſes ayeuls, eſpouſa auec ſes droits le Comte de Chaſteau vilain Louys
Diacette tres magnifique Seigneur, & qui au raport de
Paulo Mini auoit faict baſtir pluſieur ſomptueux edifices en France, & principalement à Paris de cet Illuſtre
mariage ſortirent Scipion & Angelique Diacette d'A-
quauiue d'Arragon, la fille eſpouſa le Comte de Bourlemont

lemont de la maison d'Englure, qui en a eu sept fils,
entre les quels les Marquis de Syy, de Buzancy, & de
Rimaucourt, dont plusieurs ont esté tués au seruice
du Roy, ne restant aprésant que Monseigneur l'Eueque
d'Ayré, le Marquis de Syy, le Comte de Bourlemont,
& le Comendeur d'Anglure. Scipion quide par sa Mere
prit qualité de Duc d'Atri, Prince de Cazerte Comte de
Conuersano &c. parut vray heritier de l'inclination de
ses Peres, & donna tout à la fois des preuues de son
courage, & de son inuiolable fidelité au seruice de la
France, carbien qu'il eut pour Ayeule Dorothée de
Gonzagues, & qu'ainsi il fut proche parent du Duc de
Neuers, dépuis Duc de Mãtoüe, qui auec le Duc de Mai-
ëne son beau frere & les autres Princes, s'estoit ligué
contre le gouuernemét de l'estat, il oublia toute fois les
interets du sang, pour le deuoir de bon subjet, & fit vne
compagnie de cheuaux legers pour le seruice du Roy
contre les Princes ligués, ce qui donna despuis lieu à
la Duchesse de Neuers, d'en temoigner de la froideur à
sa femme en diuerses rencontres. l'Estat estant calmé
le Duc d'Atri passa au Royaume de Naples, pour dis-
puter la succession de sa Mere contre les vsurpateurs,
sa qualité & son merite le firent beaucoup considerer
des Vice-Roys, & particulierement du Duc d'Ossonne
qui l'auoit en telle estime, quelle donna ialousie à la
Cour d'Espagne. il alegua pour authoriser ses preten-
tions, qu'Andrématée d'Aquauiue n'estoit point tumbé
en rebellion, & qu'il estoit son legitime heritier comme Issu de l'aysné, que, de plus en vertu de la paix,
& les conuentions faictes, entre les deux Couronnes

de France & d'Espagne, par lefquelles l'amniftie eftoit
generale, & chaqu'vn remis enfes biens, Il deuoit comme les autres eftre replacé en la poffeffion de fes terres,
mais on luy obiecta que les poffeffeurs auoint payé des
debtes immenfes créées par le Prince André Matée, &
qu'ils auoient beaucoup defpancé pour la reparatiõ des
places & terres de fon domaine, que s'il vouloit rem-
boureer ces deniers Ils eftoint prés de les metre en leur
place, quand au Duché d'Atri, q'Afcagne Colonne ne
l'auroit pas reçeu en recompance de fes feruices s'il
eftoit obligé de payer pour cet eftat vne fomme exce-
dant deux fois fa valeur. en fin le Duc d'Atri, aprés plufieurs vaines promeffes receuës de la part d'Efpagne
fur la Iuftice de fes demädes, feretira à Rome prés du
feu Pape Vrbain 8. qui l'affectionnoit tendrement & le
deftinoit au Cardinalat, mais fa Sainéteté mourut fans
produire l'effeét de fa bonne intention, non fans l'ef-
tonnement de toute la Cour Romaine, qui cognoifcoit
combien fes merites refpondoient à fon extraction.
ainfi rebuté des graces de la fortune, aprés auoir veu
mourir fon fils vnique, Iofeph Diacette d'Aquauiue
d'Arragon, qui fut tué, au feruice de l'Eglife, l'ors des
guerres de fa faincteté, contre les Venitiens, & autres
Princes d'Italie, le Duc d'Atri eft reuenu en Françe,
choifir fa Sepulture prés celle de fa femme geneuieüe
Doni Dattichi, fille du Marquis Oétaue, & de Valance
de Marillac. Il deceda à Paris l'an 1649. & fut inhumé
en l'Eglife des Feuillants, au faux bour de S. Honoré,
prés le corps de faditte femme, du Marefchal de Marillac, & de Catherine de Medicis, fes oncle & tante.

ceux qui restent au Royaume de Naples de la maison
d'Aquauiue, sont issus de Bellisaire premier Duc de
Nardo, fils de Iule Antoine 6 Duc d'Atri, qui mourut
au siege d'Otráte, & portent qualité de Ducs de Noci,
& de Nardo, comtes de conuersano, & sont gouuerneurs d'Otrante. le Duc d'Atri auoit pour armes
escartelé au premier & 4 d'or au lion dazur couronné
de geules qui est d'Aquauiue, au 2 & 3 de Hongrie,
parti de Ierusalem, tiercé de Naples, & Arragon, pour
Arragon, & sur le tout des quatre quartiers, coupé
d'or & de sable au Lyon de l'un à l'autre, l'ampacé de
gueles, le chef chargé d'vn l'ambel de mesme, qui est
de Diacette, lescu orné d'vn manteau ducal, & Couronné de mesme, Cimier vn Lyon issant coupé d'or
& de sable, supports deux Lyons de mesme.

ALTOVITTI.

ON ne sçauroit douter que ce ne soit de la fecondité de cette ancienne Reine du Monde, que s'est engendrée la souche de ce grand arbre, que Rome n'ait faict le berceau du Fondateur de cette race, & quand les Marbres n'en auroint pas

conserué la memoire, les Bindo, Ipolites, Meo, &
Palmeries Altouitti ont parlé asses hault par leurs
actions heroiques, pour faire croire à la posterité,
quils estoient les Enfants du grand Furius Camillus
Altouitti, & que ce fameux Capitaine, six fois Dictateur, ne pouuoit laisser vn sang plus glorieux apres
luy, ni plus digne de succeder à ses premieres conquestes.

S'il y à quelque conteste entre les Historiens pour
l'origine de cette famille, pas vn ne luy dispute la
couronne, & tous la font sortir des Souuerains, ou
bien des premiers maistres de la terre. Æneas Siluius
au premier de ses commantaires, en parle en ces
termes. *Aliqui etiam ex nobilissima Altouitorum fami-
lia, tum in armis, tum in literis floruere; & in Eclesia
Dei insignis Theologus fuit Jacobus Episcopus Fesulanus,
apud etiam reges apostolicus nuntius; & Bartholomeus
Copiarum ductor, & Generalis dominorum Patauÿ, qui
eam ciuitatem ab exercitu Mediolanensi tum temporis
obsessam summa virtute liberauit; & Palmerius legum
doctor, Henrici Imperatoris á secretis. Quæ quidem fa-
milia quamuis ex longobardorum Regibus se esse asserat,
attamen quia temporibus nostris, in domo mognifici Bindi,
marmoreum tumulum, in agro Fasulano inuentum,
aportatum dicebant, Romano charactere insculptum
cuiusdam Caÿ Camilli Altouitta, potius a Romanis
dicunt quam a longobardis originem. Cum apud omnes,
monumenta de nomine & cognomime fidem non paruam
faciant.*

Ce Tombeau qui reste encore au pouuoir des

heritiers de Bindo Altouitti, & que l'on trouua
proche la ville de Fiefole, autre fois capitale de la
Toſcane, contient ces paroles. *Caius Camillus Alto-*
uitta, magni Furÿ Camilli nepos, quod mea vita, virtus
bene meritta in patriam, Romanumque populum illuſ-
trabat; ciuium inuidia, ad Hetruria populos in exilium
pulſus, dum ad templum Martis voto me contuliſſem,
apud nouam infelix coloniam prope Feſulas occubuit;
reliclis ſeptem liberis. Vale ſoboles pientiſſima, o quam
fauſtum felixque fatum poſteris.

L'on ne peut douter par cette marque autentique
que ceux de ce nom ne tirent leur cemmencement
de Furius Camillus ſix fois Dictateur, qui fut relegué
& mourut en Hetrurie, dou ſes deſendéts ſe retirerét,
lors de la perſecution d'Atilla Roy des Huns, &
furent habiter en Saxe, ſelon la tradition manuſcrite
dela Genealogie. Criſtophle Landino interprete du
poëte Dentes, parlent en ſon Paradis de pluſieurs
maiſons nobles de Florence, & Paolo Mini dans le
nombre des plus conſiderables familles de la meſme
Republique, diſent que le Lonbard Thebalduolo
Fauori d'Alboüin Roy de cette nation, eſt fondateur
de cette race, & que ce Monarque luy fit don d'vn
Chaſteau apellé il Pogio Imperiale, pres de Pogi
Bonzi de Valdonza. Paul Diacre d'Aquilleé iſſu de
cette race, eſcriuant l'hiſtoire des Lonbars, raconte
au quatrieſme liure de ſes hiſtoires, vn accident me-
morable ariué à vn de ſes Ayeulx nomme Leupchis
Altouitti, iſſu de Theobaldulo; il dit que Cocano
Roy de Bauiere, fit la guerre a Giſulfo Duc de Milan,

neueu du Roy Alboüin, & que layant defaict & tué
dans le Païs de Frioul, fa femme Romilda, auec
Leupchis & plufieurs autres des fiens, fe geterent à
peine dans vne Ville de ce Païs appellée Veine, qui
fut incontinent affiegée, & forcée par le Tyran
Cocano ; Romildo mourut en perdant fa liberté, &
le refte des Lombars furent prifonniers & conduicts
dans l'Eftat de l'ennemy, qui les fit tous pacer au fil
de l'Efpée excepté les femmes & enfants, auec les
quels fe fauua heureufement Leupchis, le quel
paffant à la faueur de la nuict & d'vn Bois pour re-
gagner les chemins d'Italie, fit rencontre d'vn loup
blanc, qui laccompagna for long temps, luy feruant
quelque fois de Guide, puis s'areftant à fes coftés,
mais en fin Leupchis deuenant plus affamé que le
loup trauefti, banda fon arc contre cet animal qui f'en
apercceuant difparut, mais la fain ne quitant point
Leupchis il s'endormit, & fut auerti en vifion de
retourner fur fes pas pour y treuuer le chemin de fa
patrie ; ce qu'il ne manqua de faire à fon reueil, &
fans plus fégarer, fut au lieu de fa naifcence, ou il
pandit à la porté de fa maifon fon arc & fes fleches,
pour marques immortelles d'vn fecours fi Diuinement receu, & tout en femble changea fes armes
qui eftoient d'Argent, parti de Geules, à deux Faces
endentées, ou fueilles de fie de l'vn à l'autre, & prit
de Sable au loup rauiffant d'Argent.

Quoy que cette hiftoire femble plus fabuleufe
que veritable, il eft certain que plufieurs heros font
fortis de ce fang, recognu entre les plus anciens, &

Il-

Illuſtres de la Toſcane, L'empereur Federic 2. eſtant
au Chaſteau de Sancto Miniato Attodeſco, l'an 1227.
l'ors qu'il fit Guerre aux Guelfes, crea Cheualier vn
Seigneur Altouitti, & les familles de Carcialupi,
Corbizi, & Marabaki, tiennent à grand honneur
d'eſtre iſſues de celle d'Altouitti, quoy que Ricano
Corbiſi fut faict Cheualier aux Eſperons d'Or par
Charlemagne, l'ors que cet Empereur reſtaura les
murs de Florence, comme l'a remarqué ricordant
Maleſpini au Chapitre 58 de ſes hiſtoires. Les Seigneurs Altouitti ſont encore Iuſpatrons de l'Egliſe de
S. Pierre, que le meſme monarque donna en protection aux predeceſſeurs d'Antoine Altouitti. qui en
receut la Confirmation par le Pape Innocent 8. &
fut Pere d'Antoine Archeueſque de Florence, comme l'eſcrit le ſuſdit Paul Diacre Chancelier du Roy
Deſiderio, lequel ſuiuant ſon Maiſtre priſonnier de
Charleſmagne, aquiſt la bien veillance de l'Empereur qui luy endonna la Seigneurie. Leonard Aretin
au 2. liure de ſon hiſtoire faict manſion d'vn autre
Odo Altouitti Cheualier aux Eſperons d'Or, qui
traicta la Paix entre les Florentins & Siennois 1251.
& dit que le meſme fut deux fois Conſul l'an 1258.
au temps que cette dignité eſtoit ſouueraine dans
la Republique, juſques en l'an 1282 que le gouuernement fut changé, & que l'on fit des Gonfalonniers,
& des Prieurs de la liberté; pour l'ors Hugues fils
de Hahna-Sancto Altouitti fut premier Prieur de
la liberté, la ſuiuante année il fut Couronné Gonfalonnier, & au raport de Iean vilani, le Roy Charles

de Naples l'eut en tres particuliere estime. Gentil fils d'Odo Altouitti fut dix fois Seigneur de la mesme Repulique, & Ambassadeur vers le Pape Boniface 8. pour la Paix des Boulonnois & Ferrarois, qui fut concluë par son antremise. Meo Altouitti, que Æneas Siluius apelle Barthelemi, fut vn des grands Capitaines de son temps, & pour son courage intrepide fut surnommé sans peur. Il deliura la Ville de Veronne que le Duc de Milan tenoit assiegée. Guillaume Altouitti estant Gouuerneur de la Ville d'Arezo, la concerua dans l'obbeïssance des Florentins. Bindo du mesme nom Gonfalonnier de Iustice, reforma les Loys de la Republique, apres la retraicte du Duc d'Athenes. Iaques Altouitti Euesque de Fiezole fut Nonce vers les *Roys Tres-Chrestiens.* Antoine de la mesme race fut en si grande consideration Pres le Pape Innocent 8. que sa Saincteté luy donna sa Niepce en mariage. Cassia Altouitti fameux Chef de guerre, tel qu'vn autre Brute fut tué en combatant pour la liberté de sa patrie. Ipolite fut Colonel des troupes du Pape Gregoire 12. & Bardo Altouitti deputé pour faire la Paix entre le Pape Clement 7. & l'Empereur Charles-quint. Il y à eu onze Gonfalonniers de cette famille, & trente neuf Seigneurs Prieurs de la liberté dans la Republique de Florence, jusques en l'an 15,2. que la Seigneurie passant soubs la domination des Princes de Medicis, l'Estat fut administré par 48. Senateurs & vn Magistrat, des quels il se treuue encore cinq Seigneurs du nom d'Altouitti qui ont possedé ces dignités.

L'an 1470 Renaldo & Angelo Altouitti, Oncle &
népueu, feretirerent à Marfeille, pour fortir des emotions des Guelfes & Gibelins, qui troubloient encore
leur Païs foubs le Regne du Pape Innocent 8. dont
Antoine Altouitti auoit efpoufé la Niepce. Ce Re-
nardo fut Treforier du Pape au comté d'Auignon,
comme il paroift par vn Bail du 21. Mars 1492. pacé
par cet Altouitti, en faueur de Charles & Pierre de
Paci freres, dans lequel acte il eft qualifié *Nobilis &
Potens Domicellus Florentinus, Tefaurarius Comitatus
Venacini.* il fut encore Viguir de Marfeille l'an 1502.
& mourut fans Enfans, laiffant fes biens à fon neueu
Angelo, fils de Robert Altouitti, le quel efpoufa
pierronne fille de Clou de Bellomonté, & d'Emerau-
de de Monteux, du quel mariage fortit François,
qui fut Pere de plufieurs enfants, l'vn des quels nommé Fouquet demeura fon heritier, & rendit diuers
feruices à nos Roys. Il fut Capitaine en Chef d'vne
Galere nommée l'Efperence, comme il paroift par
fes prouifions qu'il receut du *Roy* Charles neuf, du
fix Octobre de l'an 1570. la qu'elle année commendant fa Galere au fiege de la Rochelle, il y perdit
deux doits de la main gauche, d'vn coup de Canon.
Il fe maria le 3. Nouembre de l'an 1545. auec Anne de
Cafaux dôt entre plufieurs enfants il eut Philippe &
Pierre ; le premier efpoufa Renée de Rieux Baronne
de Caftelane, fi renommée foubs le nom de la belle
de Chafteau neuf, & qui donna tant d'Amour au Roy
Henry 3. de ce mariage fortirent trois fils, Henry,
Emanuel Philippe, & Philippe Emanuel les deux

derniers se marierent en Bretagne ou ils moururent sans enfants masles, nestant resté que Renée fille de Philippe Emanuel, & de Dame Marie de Botigno, qui fut mariée en la mesme Prouince.

Henri Emanuel l'aysné fut tué au siege de Montauban 1620. estant Capitaine au Regiment des gardes.

Philippe Altouitti autre fils de Fouquet, apres auoir esté Consul & Gouuerneur de Marseille, fut tué par Henry d'Angoulesme, grand Prieur de France, Gouuerneur de Prouence & Frere naturel de Henry 3. ce Prince ayant intercepté quelques lettres qu'Altouitti mendoit à la Cour, par les quelles il donnoit aduis de son mauuais Gouuernemét, le fut treuuer dãs vne Hostelerie à Aix, & luy montrant les lettres, le persa d'vn coup d'Espée, Altouitti se sentant blessé porta vn coup de pognard dans le ventre du mesme Prince, & se tuerent inci tous deux.

Pierre Altouitti son frere, & le seul restant de cette Bãrche espousa le 9 Octobre 1585. Esprite Soumal, de la quelle il eut 4 fils.

Iaques Altouitti qui le 13 Feurier de l'an 1620 espousa Desirée de Candole, de cette Illustre maison qui à donné tant d'Officiers à la Couronne de Naples, tant de Restaurateurs de cette Monarchie, & de fidelles seruiteurs à nos Princes d'Aniou, & la France, tient encore a gloire de côceruer ses heritiers qui ont auec le sang, la vertu de leurs glorieux ancestres, ce mariage à faict naistre 5 fils des quels sont auiour-d'huy viuants Andre Altouitti, & Antoine, Religieux en l'Abbaye de S. Victor les Marseille, ou

l'on

l'on voit encore la sepulture de cette ancienne & Illustre famille, auec ces paroles.

Caius Camillus Altouitta magni furij Nepos, cum apud atruria populos prope fesulas occubuisset relictis septem liberis, Angelo Altouitti ab ipsa prole Altouitta ex inde phocensium massilam migrata, Jacobus ab Nepos hoc & agnetis monumentum dicauit.

Le nom & le sang d'Altouitti continuë de florir en Toscane, en la personne du Marquis de ce nom, & de Carlo Altouitti Chanoine de la Metropole de Florence. Rome est encore Illustrée d'vn Prelat d'omestiquè du Pape, tres considerable par la viuacité de son esprit, & profonde Doctrine; & portent tous pour armes, de Sable au Loup Rauisant d'Argent, Cimier vne teste de Loup d'Argent, Supports deux Loups de mesme, deuize *& aui numerantur auorum.*

CAPPONI.

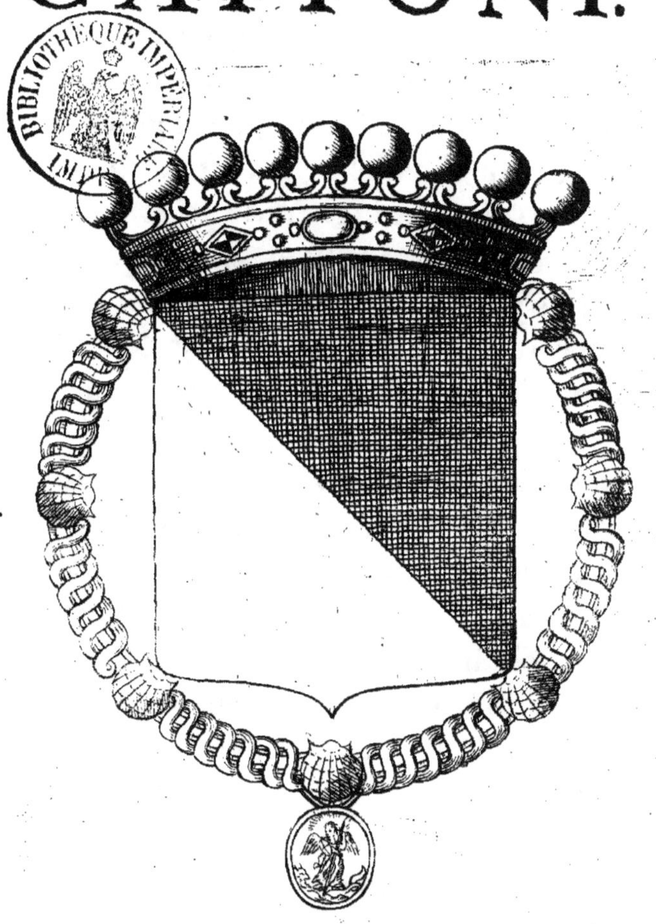

LE courage ne s'exprime pas seulement par l'action
il esclate bien souuét par la parolle, & ce glorieux
Romain qui pour la liberté de sa patrie, fit si noblement
paroistre la grandeur de son ame deuant le thiosne de
Porcene, ne luy donna pas plus d'admiratió par sa cons-

tance en se bruslant la main qui auoit trompé son intention, que d'estonnement par son discours qui luy confirmoit le genereux dessain qu'il auoit formé contre sa vie, ainsi ce fameux Florentin l'vn des plus Illustres de sa famille, Pierre Capponi ne rendit pas de plus fortes preuues de sa valleur deuant le chasteau de Soyane ou il fut tué pour le seruice de la republique, que l'ors qu'il fit connoistre au Roy Charles 8. l'estonnante resolution qu'il prenoit, de faire decider par les armes le different de sa patrie, auec celuy de ce Monarque conquerant, qui marchoit à la teste d'vne armée victorieuse.

Les noms des fondateurs de la maison de Capponi sont inconnus aux Historiens qui chantent plustost la valeur de ces grands hommes qu'ils ne d'escriuent leur origine; les factions des Filipeches & Monaldeches, Quelfes & Gibelins, Noirs & Blanc, ont donné beaucoup d'estendüe à leur renommée *Cipriano manenti* les fait sortir de la ville d'Oruiete au mesme temps que les Medicis, & rapporte que le Conseil general de cette ville faisant faire le denombrement des Nobles du lieu l'an 1109. l'on compta entre les premiers les Medicis, Caponi, & les Seigneurs de la Pieue, qui portoient alors pour leurs Armes d'Or au Lyon de Sable, accompagné de trois Fleurs de Lys de mesme, & que le siecle suiuant l'ors des factions des Imperialistes Filipeches, & Monaldeches de l'Eglise, quarante Cheualiers d'oruiete furent aux mains contre autant de Nobles de Sienne dont ils resterent victorieux, entre lesquels il Marque Allexandre philipechi, Paolo Caponi tebaldo

manfini, & Reineri Medicis, le defir du repos public
porta neantmoins les Capponi à fe declarer quelques
fois neutres pour auoir l'Authorité& le moyé de fe rendre les Arbitres de la Paix des noirs & des blācs,& faire
ceffer cés fanglantes, factions que les familles des
Cerchi, & Donati auoient excittées dans toute l'Italie.
La Cronique Florantine, le Pœte Dante, Leonnard
Aretain, Vilani, & autres qui ont parlé de ces guerres
ciuiles n'ont peu affés loüer la prudence & l'heureux
fuccés de ces fages Politiques, qui meflant leurs lauriers à Poliue, perpetuerent leur memoire par cette
glorieufe action,& meriterent par vn general aplaudif-
femét des deux partis d'vnir en leur efcu les deux cou-
leurs contraires, en prenant pour Armes tranché de
fable, & d'Argent que la maifon de Capponi à defpuis toufiours conferuée. Ces dignes arbitres de la
paix & de la guerre, les plus fermes deffanceurs de la
feureté publique, & de la gloire des Florentins on fçeu
fi fagement vnir la conduite à l'action, que cet eftat
ne les à pas moins employés pour la politique & le
gouuernement, que pour l'execution dans les grandes
entreprifes. felon le Priorifte de Florence cinquante
fept Seigneurs, & Prieurs de la liberté, & dix Souuerains Gonfaloniers font fortis de la maifon de Capponi, Polo Mini en fon hiftoire de Florence dict que l'an
1331 Allexandre fils naturel de Laurens Duc Durbin
eftant efleu Duc perpetuel de la republique, Girolamo
Capponi fut auffi choifi du nombre des 48. Confeil-
lers, & Miniftres priucipaux de cet eftat, & le mefme rapporte que Gino fils de Neri du mefme nom

aprés auoir esté Gonfalonier 1401. fut enuoyé Embassadeur à Genes vers le Mareschal Boussicaud pour negocier la reduction de Pize, & l'année suiuante il acheua par la force des armes ce que sa prudence auoit commencé, ce fut le neufviesme Octobre de l'an 1406. qu'estant l'vn des Lieutenant generaux de l'Armée Florantine, soubs l'inuaincible Sforce de Cotignuola, il eut part à la fameuse defaicte des Pizás, ou sans parler des morts, plus de deux mille ennemis resterent prisoniers, il eut l'honneur de Couronner le general, & de luy faire don de la part de la republique, de l'estandar chargé de la Fleur de Lys de Florence, qui despuis à seruj de Cimier aux Armes de Sforce, comme l'escrit Zazera, ce fut encore le mesme Capponi qui reçeut la ville de Pize au nom des Florentins, & quoy que le passage de la liberté à la seruitude soit tres difficile, il harangùa ces nouueaux sugets, auec tant de grace, & d'éloquence, qu'il leur fit doubter si son entrée en cette place, n'estoit point vn transport de puissance, plustost qu'vne vsurpation de Domaine. Deux ans aprés il eut encore vne fois le supreme gouuernement de l'estat, & iamais la republique ne gousta plus de repos que soubs l'authorité de ce sage Magistrat, qui forma deux branches de ce grand Arbre és personnes de Laurens, & Neri Capponi, le premier desquels à faict celle de France. Neri Capponi homme d'esprit & de cœur comme luy n'ayant que 400. Caualiers, & autant de fantacins dóna la chasse au Duc de Millan, & fit leuer le Siege de deuant la Rocque en la Carfagnane, & reprit plusieurs places sur l'ennemy, l'an 1431. il moyena

vn

vn secours puissant de la republique, qui en cette consideration le reçeut solemnellement deux ans aprés,
& le crea Noble Venissien, quoy que Polomini as-
seuré qu'il refusa ce tiltre disant qu'il luy suffisoit d'estre Gentil-homme Florentin, ce fut luy qui défit l'armée Milanoise commandée par Nicolo Piccinino, l'an
1436. prés de la place de Berga, & 4. ans aprés la mit
encore en routte entre Engheria, & le bourg du S. Se-
pulcre, & reduisit au pouuoir des Florentins la forte
ville de Popi auec le Païs Cassatin. Aprés ces victoires
obtenuës, la republique luy decerna vne espece de
Triomphe par vne manifique entrée qu'elle luy fit à
Florence, ou il parut auec vne Armeure dorée, & le
Casque en teste monté sur vn cheual bardé, & couuert
de drap d'Or auec les armes de la ville, en broderie.
oultre la charge qu'il eut de Capitaine general des Armées des Florentins Neri Capponi fut encore deux
fois Gonfalonnier de la republique, afin de perpetuer
en sa famille l'alliance de la valleur auec la sçiance du
gouuernemét. Gino 2. du nom son fils, & heritier, par-
uint comme luy à la supreme Magistrature & fut Pere
du renómé Pierre Capponi, dont les heroïques actions
surpasserent le vray semblable, ce fut l'vn des plus
zelés & hardis Partisans de la grandeur de Florence, l'an
1492 il fut enuoyé Embassadeur de la republique à la
Cour de France, & l'an suiuant on le crea Gonfalónier,
en ce téps le Roy Charles 8. se disposant à la conqueste
de Naples fit marcher son armée vers la Toscane, &
luy mesme ayant fait sa triomphante entrée dans la ville de Florence, fit dresser les articles de quelques con-

ditions qui fembloient choquer la liberté de la Republique, qui cheifit Pierre Capponi pour l'vn des quatre
deputés qui debuoient traicter auec fa Maiefté, mais il
fut le feul Alexandre qui couppa ce nœud Gordien, &
qui par la grandeur de fon courage, fçeut refoudre les
difficultés qui ne fe pouuoient apparammant démefler
que par le fort des armes, le iour qu'en prefence du Roy
l'vn des Secretaires d'eftat lifoit les conditions propo-
fées, il arracha impetueufement les articles des mains
du Secretaire fans attendre qu'il en eut acheué la lectu-
re, & les dechirant dit au Roy d'vne voix eclattante,
puis qu'on nous demande des chofes fi hontufes vous
fonnerés vos trôpettes, & nous fonnerons nos cloches,
& fortir ainfi hardiment de la chambre du Roy fuiuy
de fes trois collegues. Cette action eftonna tellement
toute la Cour, que ne pouuant croire qu'il eut parlé auec tant d'audace fans quelque caufe fecrete, S. M.
le fit incontinent rappeller, & fans plus propofer les
premieres demandes qu'il n'auoit voulu efcouter, s'ac-
corda à des conditions plus aduantageufes aux Florentins. defpuis ce grand homme faifant la guerre aux Pizans, fut bleffé à mort d'vne moufquetade à la tefte
deuant la ville de Soyane, comme il faifoit pointer
l'artillerie contre cette place : accident fi funefte à la
republique que le refte des chef décamperent incontinent aprés, fans rien entreprende d'auantage. Nicolas
Capponi pareil à fon Pere en fermeté d'ame, & grande
fuffifance pour le gouuernemét, fut par trois fois Gonfalonier ; & remift les Pizans au pouuoir des Florentins, il conferua l'honneur de la maifon de Medicis

des emotions de l'Estat, & reprima l'insolence des pro-
fanes ennemis de ces Dieux tutellaires de la patrie, qui
porterent leurs mains sacrileges sur les Statues des
Souuerains Pontiffes de cette race , & pour souftenir
leur authorité , il fut demis de la sienne , mais il se
vit bientost aprés couronner par ses propres persecu-
teurs qui le choisirent Embassadeur vers l'Empereur
Charles Quint *Ipse* dit Pol Ioue *quod magnæ gloriæ ei*
fuit Nicolaus Capponus ex rure tanquam ab exilio reuo-
catus. Il faudroit changer cet Esloge en vn iuste volu-
me pour parler de tant de Heros, ie passe à la bräche des
naturalisés François aprés auoir dit que l'Eminentissime Cardinal Capponi Archeuesque de Rauenne de la
nomination du Pape Pol cinquiesme , est vn des plus
dignes Princes que l'Eglise ayt orné de la pourpre
sacrée , & dont les nepueux continuent de perpetuer
l'Illustre race en Italie, il vt grand nombre de voix lors
de l'Eflection du Pape Innocent, son merite l'ayant
depuis long temps fait regarder pour cette Souueraine
Puissance , Il a esté Legat à Bologne, & despuis quelques années a resigné son Archeuesché de Rauenne à
vn de ses nefueux tres digne & vertueux Prelat , de
l'Illustre Famille de Torrigiani.
Laurens Capponi Seigneur d'Amberieu, & Baron
de Creuecœur, qui à commancé de de venir François,
fut aussi puissant en biens, qu'esclatant en vertus : mais
il ne posseda les richesses que pour exercer ses charités,
& autres actions de pieté, qui le font viure encore en la
memoire des hommes, l'an 1573 la ville de Lyon estant
affligée d'vne grande famine, ce magniffique Seigneur

nourrit a ſes frais 4000 pauures l'eſpace de 4 mois ce
qui luy fiſt meriter le glorieux ſurnom de pere des
pauures, qui acompagnerent le duëil general de toute
la ditte ville à ſon deces, en laqu'elle il eſt inhummé
dans l'Egliſe des Iacopins, ou il à laiſſé d'éternelles
marques de ſa genereuſe pieté, par les ornements &
argenteries qui parent encore ce Conuent. Ce Seigneur
auoit eſpouſé Madame Helene de Gadaigne, veritable
miroir de toutes vertus, Sœur de Meſſire Guillaume de
Gadaigne Seigneur de Bouteon, Comte de Verdun &c.
Cheualier des ordres du Roy & Gouuerneur de Lyonnois, Foreſt, & Beaugelois, duquel mariage, il eut
entre pluſieurs enfans, Charles & Alexandre.

Charles Seigneur & Baron de la Font, les granges
& autres places, eſpouſa Gabrielle d'Allegre qui le fit
Pere de Claude, Alexandre, & Iean.

Alexandre, le ſeul de ſes Freres, qui a eu l'ignée,
de ſon alliance dans la Maiſon d'Arbouze en Auuergne : & ſur tout deux fils, qui dans leur bas aage, promettent d'éja beaucoup dans la Moiſſon de leur vie.

Alexandre, Fils puiſné de Laurens & frere de Charles, Comte de Feugeroles & Roche la Mouliere, Che-
uallier de l'Ordre du Roy, fut Maiſtre de Camp d'vn
Regiment de gens de pied, puis Cappitaine d'vne
Cõpagnie de Cheuaux Legers, pour le ſeruice d'Henry
le Grand, & preſque ſeul en la Prouince du Lionnois
& Beaugelois, qui reſiſta au pouuoir des Liguex, qui
luy cauſerent beaucoup de pertes, que ſa Majeſté recõ-
panſa depuis de pluſieurs belles charges, & l'auroit
eſleué à de plus grands aduantages ſi la mort de ce
Seig-

Seigneur ne luy en eut ofté le pouuoir l'an 1601. la Dame Françoife de fainct Polgues d'Illuftre maifon de Forès, demeura fa vefue auec deux fils.

Gafpard qui à continué la branche, & Alexandre le puifné qui eut pour Parrain le Seigneur Horatio Capponi Euefque de Carpentras, & qui commença de porter les armes dans cette puiffante armée de Henry le grand, qui faifoit trembler toute l'Europe. le Roy Louys XIII. l'honnora d'vne compagnie de gens à pied contre les Religionaires, defpuis il en commenda vne de cheuaux legers, qu'il rendit fi accomplie que le Roy le nomma hautement le premier Cappitaine de cheuaux legers de fon Royaume, ce fut luy qui introduifit l'exercice à la caualerie, & le rendit auffi facile que celluy de l'Infanterie, le Roy le confideroit entre les plus luftes fuiets de fes liberalités, & l'auroit fas doubte efleué au foltice des charges millitaires, fi les longues fatigues de la guerre ne l'euffent faict mourir dans la fleur de fon aage, à la fin du Siege de Cazal n'ayant encore 30 ans.

Gafpard de Capponi fon frere ayné Comte de Feugerolles, Baron de Roche la Mouliere, Cheualier de l'ordre du Roy, & Gentil-homme de la chambre de fa Majefté, fut par le commendement du Roy mené à la Cour, & reçeu Page de la chambre l'an 1607. S. Mté en confideration des feruices de fon Pere defirant l'aduancer entre les Seigneurs de fa maifon, mais le decés de ce Monarque, interrompant le cours de la fortune du ieune Comte, il ne continua fes feruices actuels prés du Roy Louys le iufte, que lefpace de deux années,

puis qu'il alla à l'armée en qualité de volontaire, & aprés
quatre ou cinq campagnes, la Reyne mere luy donna vne compagnie de Fantassins, puis vn *Regiment*
antien, mais son inclination le portant à l'exercice de la
caualletie, il achepta vne compagnie qu'il rendit si par-
faicte & accomplie, que le Roy asseura en diuerses rencontres que la compagnie de Feugerolles estoit la plus
forte, & la mieux policée entre celles de son armée, l'in-
disposition de sa santé, & la longueur des fatigues de la
guerre, l'ayant enfin constraint de se retirer aprés la reduction de Nanci, il employa ses soings à l'education
de ses enfans le second desquels aprés auoir faict son cours
en Philosophie, est entré dans le Nouiciat des Iesuistes
d'Auignon, aagé de 17 ans, & en reputation de Saincteté.

Melchior de Fesposi son fils aysné apres auoir faict
plusieurs campagnes à l'armée, & acquis beaucoup de
reputation, à Nagueres genereusement abandonné le
Monde pour faire retraicte à la mission, à la quelle
saincte vocation il a esté suiuy de tous ses freres, à
l'exception du plus ieune aagé de 15 ans que Monsieur
le comte de Feugerolles faict alener auec beaucoup de
soing, restant seul au monde de sept fils, & de cinq
filles, ses sœurs ayant pareillement pris l'habit de religion, aussi ont ils en pour Mere la *Reyne* des vertus,
madame Izabeau de Cremaux, qui faict Iuger de sa
Beatitude, par l'excellente vie qu'elle a menée tout le
cours de son mariage, c'ette dame fille de Messire
Regnault de Cremeaux mareschal de camp si renommé en nos guerres de France, & Italie, fut mariée l'an
1614 & deceda selon ses vœux le iour de l'assomption

de noſtre Dame 1645 apres auoir conſtamment ſuporté
les douleurs d'vne maladie de ſix années. ſon corps
dont le viſage paruſt plus agreable apres ſa mort qu'aux
plus beaus iours de ſa vie, fut tranſporté le landemain,
de ſon Chaſteau de *Roche*, dans l'Egliſe du Chambon
ou 3 a 4000 pauures accourrurent de toutes pars, pour
voir encore leur bienfaictrice, parmi cette foule de
monde vne ieune vefue infirme du corps, & de la voüe,
ſe fit porter dãs le cœur de l'Egliſe, & aiant auec grand
pene touché le corps de cette Dame, porta ſa main
a ſes yeux qui s'eſclaireirét auſſitoſt, & ſa ſancté ſe
reſtablit de ſorte quapres ſes actions de grace, elle s'en
retorna ches elle ſans laſiſtance de perſonne, comme le
raporte plus amplement l'atteſtatiõ qui en a eſté faicte.
Monſieur le Comte de Feugerolles quoy qu'inconſolable d'vne ſi grande perte, s'eſt depuis remarié auec
Madame Magdeleine du Pelouz très accomplie és
qualites du corps & de l'eſprit, & d'vne naiſſence fort
illuſtre en viuarets & qui conte le renommé Cheualier de Terrail de Baiard entre ſes parents maternels, il
a eu de cette Dame cinq filles, & vn fils qui eſt decedé
en bas âge.

Cette maiſon aljée és premieres de la Toſcane l'eſt
auſſi en France à celles de S. Chamont, de la Baume,
Sourdi, Canillac, Rebé, Fourbin Meſnier, & autres, mais
la plus glorieuſe aliance qui illuſtre la maiſon de Capponi, eſt celle de Clarice Capponi, qui eſpouſa Vincentio Magaloti du quel mariage ſont iſſus Antoine,
Carlo, & conſtãça Magaloti, laquelle fut féme du Seigneur Carlo Berberini, Frere du Pape Vrbain 8. & pere

des Eminentiſſimes Cardinaux François, & Antoine
Berberin, & de Dom Tadée prefect de Rome.

La maiſon de Capponi porte pour Armes tranché de
ſable & d'Argent, pour le ſujet cy deſſus raporté, Cimier vne teſte de Coc d'or entre deux ayſles d'Argent
& ſable.

Supports deux chappons de meſme, deuize *poſt
tenebras lux.*

SALVIATY.

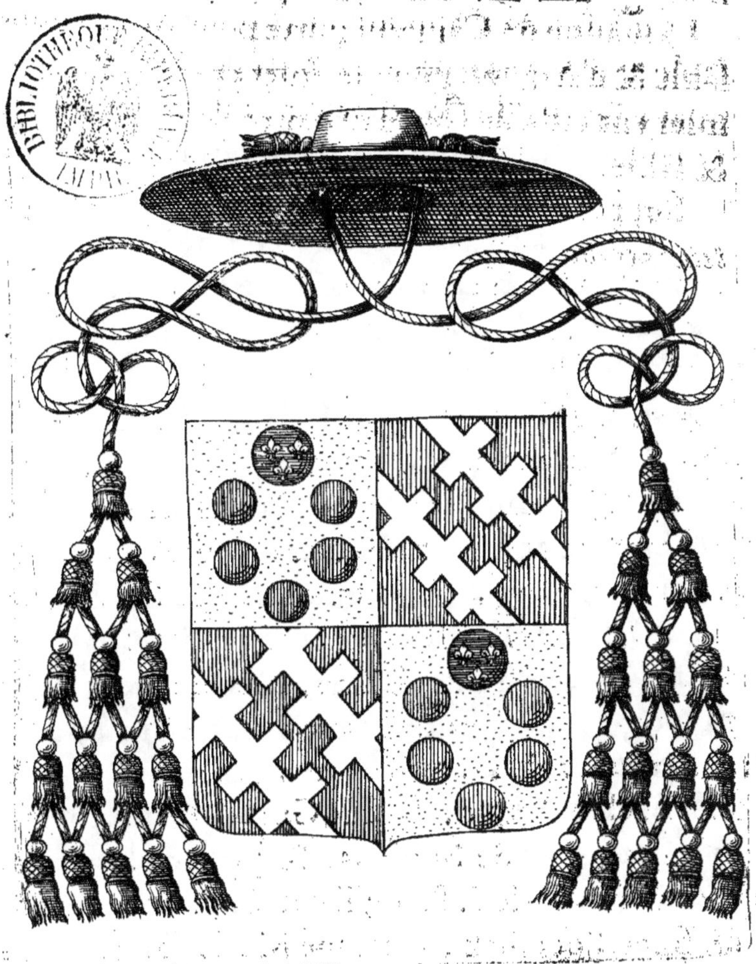

V OICY le plus glorieux rameau qui se soit enté
sur la Tige souueraine de Medicis ; & c'est de sa
fecondité que sont presque remplis tous les Thrônes de
l'Europe ; les Roys de France , Espagne , & Angleterre ;
les Grands Ducs de Toscane , & de Sauoye sont issus du
sang de Saluiaty, de par Marie , Femme de Iean de Medicis,

dicis, Pere de Cofme premier ; & la force de cette Augufte Alliance a tellement rendu toute la Maifon de Saluiaty, noftre affectionnée, qu'il y a eu peu de Seigneurs de ce Nom qui n'en ayent rendu de puiffans témoignages à la France : Iean, Cardinal, fils du Grand Iaques de Saluiaty, & de Lucreffe de Medicis, eftant enuoyé Legat en France par le Pape Clement feptiefme, s'acquit en peu de temps la bienvueillance de François premier, qui luy fit conferer les Euefchez de S. Paul, & d'Oleron, mais cette trop vifible amitié fut nuifible au Cardinal, d'autant que le Saint Siege vaquant, il auroit (fans doute) occupé la place de fon Oncle Leon dixiefme, fi l'Empereur jaloux de cette eftroite intelligence & proximité de fang, n'eut trauerfé par fes brigues les fuffrages de fon eflection. Bernard, Cardinal Saluiaty fon frere, Cheualier de S. Iean, Grand Prieur de Rome, porta long-temps les armes auec Pierre Strocy, pour le party des exilez de Florence ; mais du depuis il embraffa l'Eftat Ecclefiaftique, & fut Grand Aumofnier de la Reyne Catherine de Medicis, & poffeda les Prelatures de Clermont, & de S. Paul ; il eut pour Succeffeur dans les mefmes Euefchez, Antoine Marie Saluiaty, fils de Laurens, & Conftance de *Comitibus*, renommé au Concile de Trente, & trois fois Nonce en France vers le Roy Charles neufiefme. Alexandre Bardi luy fucceda aux fufdits Euefchez, & conferua les mefmes inclinations pour la France qu'il auoit heritées de fes Anceftres, les Partifans de nos Princes, fous le Gouuernement du Duc d'Athenes, qui rappella cette Famille, que les feditieux auoient exilée de Florence. Cette mefme bien-

vueillance

vueillance fe perpetuë en la perfonne de l'Illuftre Comte Bardi, iffu des Comtes de Lauerne, que fon Alteffe (Monfeigneur le Grand Duc) enuoya fon Ambaffadeur en France fe conjouïr de la Naiffance de Monfeigneur le Dauphin, aujourd'huy heureufement regnant. François Saluiaty, Grand Maiftre de l'Orde de S. Lazare, auffi bien intentionné pour la France, fut appellé aux affaires les plus importantes de l'Eftat, & merita la place de Chef du Confeil de la Reyne de Nauarre. Il refte encores dans le Royaume des perfonnes de cet Illuftre fang, duquel Iaques Saluiaty, Duc de Iulien, eft le Chef en Italie ; lequel Prince a efpoufé Veronica Cibo, Princeffe de Maz.

La Maifon de Saluiaty, porte pour Armes de gueules, bretrées & contrebretées d'argent ; le Cardinal Iean de ce Nom les portoit efcartelées auec celles de Medicis.

BERBERIN.

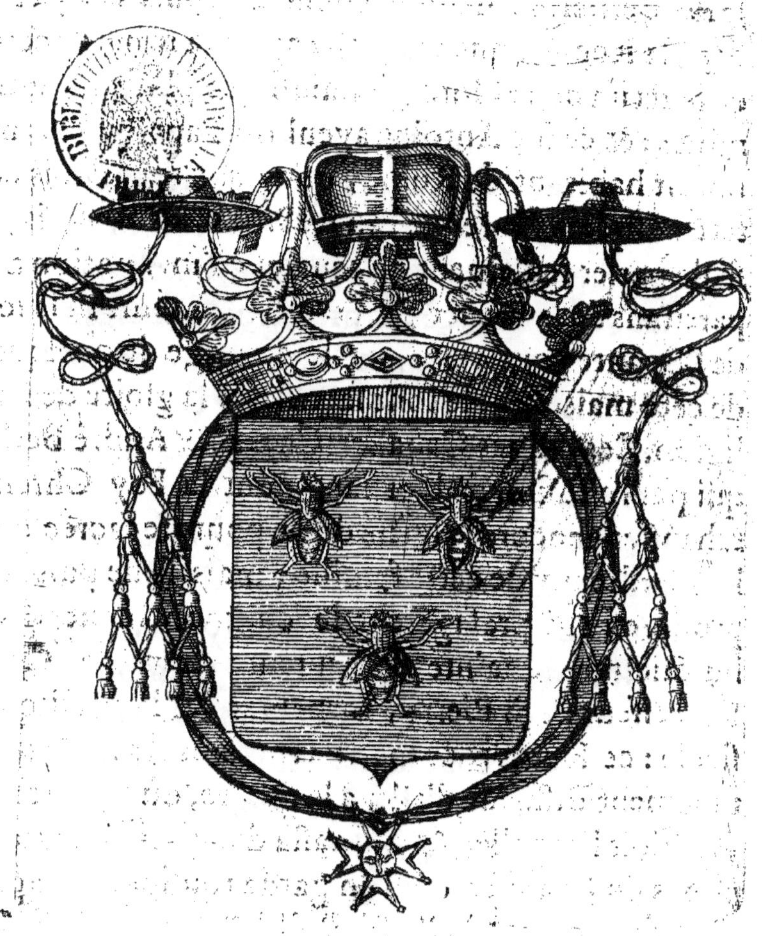

SI les mouches ſuiuent l'odeur des bonnes fleurs, la
blãcheur de nos Lys s'eſt aiſemét attiré les aff. ctions
des abeilles de l'illuſtre famille des Berberins. Cet Eſſain
genereux qui a porté ſon vol au deſſus des Aigles, & reſ-
pandu la douceur de ſon miel dans touṭes les parties de
l'Europe, a pris ſon premier eſſor dans la Toſcane, au
lieu

lieu nommé Semifons prez de Florence, & à deux mille de Berberin, maison connuë depuis cinq cens ans dans la Republique; laquelle apres la ruine de cette place se retira dans Florence, ainsi que plusieurs autres familles: & ce fut Antoine ayeul du Pape qui premier se rendit habitant de Rome, quoy que toutesfois sa Sainteté nasquit à Florence l'an 1568. Si ie me m'estois proposé de parler seulement de ceux que l'inclination a rendu partisans de la France, ie prendrois à témoin la iournée de l'Epante pour exprimer le courage de quelques-vns de cete maisõ, qui se sont sacrifiez à la gloire de leur Religion. Ces braues Caualiers George & André Berberins, qui par l'effusion de leur sang pour la Foy Chrestienne rehaussent encore le lustre de la pourpre sacrée qui pare les Cardinaux de cette famille; mais ie ne puis taire les prodiges qui presagerent le couronnement d'Vrbain huictiesme de sainte & heureuse memoire. Ce digne Successeur de S. Pierre, l'ornement & la felicité de son siecle: ce Heros tout martial fut dans ses ieunes ans diuinement dissuadé d'aller à la guerre, où son inclination sembloit l'appeller, & embrassa depuis si ardamment les armes du Crucifix, qu'il en garda tousiours l'impression dans son cœur, où elle fut visiblement remarquée apres son decez. Vn Essain d'abeilles s'arresta sur la fenestre de sa chambre le iour de son eslection, qu'il predit luy-mesme par des paroles toutes diuines: ce Saint Pere de tous les fideles ne le fut pas moins des François que des autres Nations, & lors que le Pape Clement huictiesme l'enuoya Nonce à la Cour d'Henry le Grand, sa Majesté receut tant de preuues de son inclination au bien de la

France,

France, qu'elle luy donna Loüys le Iuste pour tenir au
Baptefme, qui fut comme vn figne affeuré du fupport
que ce S. perfonnage rendroit vn iour à la Couronne, qui
ne luy a iamais auffi manqué d'amour filiale non plus
que de tendreffe & de bienueillance pour fa famille : à
qui le Soleil de France a toufiours fait voir des beaux
iours à trauers les nuages qui fe font efleuez contre fa
grandeur. L'Eminentiffime Cardinal François Barbe-
rin, l'Exemple des vertus les plus folides, le Pere des pauures, ce Prince de l'Eglife, de qui l'humilité a toufiours
fi noblement braué le fafte & les honneurs du monde,
& dont la pieté ne fut iamais diftraite par la confufion
& le poids des affaires de tout l'Eftat Ecclefiaftique,
dont cet autre Athlas a fouuent porté le fais. Ce Prelat
tout affable & courtois, & digne Neueu d'Vrbain, dans
les premieres années du Regne de fon Oncle fut enuoyé
en France Legat *à Latere* du S. Siege, où il receut tant
des marques de noftre paffion, & du reffentiment de
l'honneur que la France receuoit de cette Ambaffade fa-
crée, qu'il ne nous quitta point fans refpondre à nos affections, & nous laiffer quelques marques d'vne mutuel-
le bienueillance, que ce grand homme nous a depuis
toufiours continué. Le Prince Dom Tadée Prefect de
Rome, le zelé partifan de nos fleurs de Lys, qu'il arbo-
ra fur fon Palais apres le decez du Pape, malgré les me-
naces de l'Empereur & de l'Efpagnol, eft mort conftant
en ces mefmes affections pour la France : toutesfois le
Cardinal Antoine leur frere puifné femble auoir encore
encheri fur l'amitié que les fiens ont eu pour cette Monarchie. Ce Prince tout braue & genereux, & qui tel
que

que son Oncle sembloit n'estre né que pour les armes, a
long-temps esté Protecteur des François en Cour de
Rome, où iamais il n'a treuué occasion de nous tesmoigner ses affections, qu'il ne l'aye embrassée auec em-
pressement : sa bourse ne nous a pas esté plus fermée que
son cœur, il ne l'a pas seulement ouuerte pour le seruice
du Roy, mais encore pour le besoin de ses sujets : il a fait
plusieurs fois de son Palais l'Hostel de nos Princes &
grands Seigneurs du Royaume. La part qu'il prit à nostre allegresse commune lors de la naissance du Roy
Dieu-donné, se fit voir par des feux de joye, des aumos-
nes & liberalitez publiques qui luy cousterent plus de
cent mille francs, sans parler du petit berceau porté par
deux Anges d'or qu'il enuoya à la Reyne, & dans lequel
il auoit fait enchasser vn morceau de celuy de Nostre
Seigneur. Ce Prince a logé dans Rome les derniers Ambassadeurs de sa Majesté, & dans les premiers desordres
de Naples son Palais a tousiours serui de retraitte aux
Napolitains de nostre parti, malgré les deffences qui luy
en furent faites : & les armes qu'il auoit chez luy capa-
bles d'armer plus de 4000. hommes furent toutes por-
tées à l'armée du Roy, pour y estre employées à son seruice. A son arriuée en France sa Majesté luy donna la
Surintendance generalle de son Armée en Piedmont,
où ce Prince auoit esté auparauant Legat *à Latere* pour
la paix. Ce fut en cette campagne que Monsieur le
Cardinal Antoine ouurit encores ses coffres pour sou-
doyer l'armée, & pour l'entretien de la garnison de Ca-
sal : du depuis estant retourné à Rome le Roy luy donna
ordre de faire des leuées, & de fournir de l'argent pour
la

la subuention des troupes qui se deuoient joindre dans le Royaume de Naples auec celles que le Duc de Guise y conduisoit par mer : ce que son Eminence executa ponctuellement, tenant toutes les troupes dans son Palais auec les Chefs Napolitains qu'il mit en equipage, & conduisit luy-mesme iusques hors des portes de Rome. Tant & de si importans seruices obligeant le Roy à la recomoissance, sa Majesté luy a fait don de l'Euesché de Poictiers, de la charge de grand Aumosnier de France, & l'a associé à l'Ordre du S. Esprit, en qualité de Commandeur ; & a pareillement donné la charge de grand Aumosnier de la Reyne à Monseigneur son frere le Cardinal François. Messeigneurs leurs Neueux ont à leur exemple vne pareille amour pour l'Estat François, dont ils ont tous receu vne particuliere protection. Le Prince Charles Cardinal & Prefect de Rome ne promet pas des petits aduantages à l'Eglise, & son frere Maphée Prince de Palestine, autre glorieux rejetton de cette illustre tige, qui a espousé le Niece du feu Pape Innocent dixiesme, fait esperer que cette illustre souche conseruera tousiours des rameaux verds & florissans. La Princesse Lucrece Berberin leur soeur est mariée à son Altesse Monseigneur le Duc de Modene, autre Prince vrayement François, & que l'on voit tousiours porter si genereusement les aduantages de la France aux despens de sa propre vie, comme il a paru en cette derniere occasion de Pauie, où ce grand Capitaine a receu deux blesseures : & c'est dans la maison de ce mesme Prince qu'est n'agueres entrée par mariage la Sereníssime Laure Martinozzi, soeur de son Altesse Madame la Princesse

de

de Conty, & Niéce de Monseigneur le Cardinal Mazarin, laquelle a espousé le Prince Alphonce fils aisné de
cette Altesse le Duc de Modene.

Les armes des Princes Berberins sont d'azur à trois
mouches d'or; le Cardinal Antoine porte pour ornement vn ruban ou cordon bleu autour des siennes, au
bas duquel est attaché la Croix du S. Esprit, & plus bas
vn liure à prier Dieu couuert des armes de France, à
cause de la charge de grand Aumosnier. Et le Prince
Prefect portoit pour ornement au dessus de sa couronne
vn Bereton de velours rouge cramoisy, l'ancien habil-
lement de teste des Dictateurs Romains, que les Pre-
fects portent marchant par la Ville de Rome, auec vn
manteau de velours rouge cramoisy ouuert sur le bras
gauche, auec de gros boutons d'or qui couure vne tuni-
que de mesme estoffe : le tout doublé de satin verd,
ayant au dessous vn habit de toile d'argent. Cette charge a esté creée par les Empereurs d'Occident lors de la
diuision de l'Empire, pour en representer tousiours la
majesté; ce qui depuis a esté confirmé par les Papes, qui
peuuent conferer cette dignité iusques à la quatriesme
generation, comme elle a esté donnée à la maison de
ces Princes de la famille de Berberin, que possede aujourd'huy l'Eminentissime Cardinal Charles fils du sus-
dit Prince Dom Tadée.

BONSY.

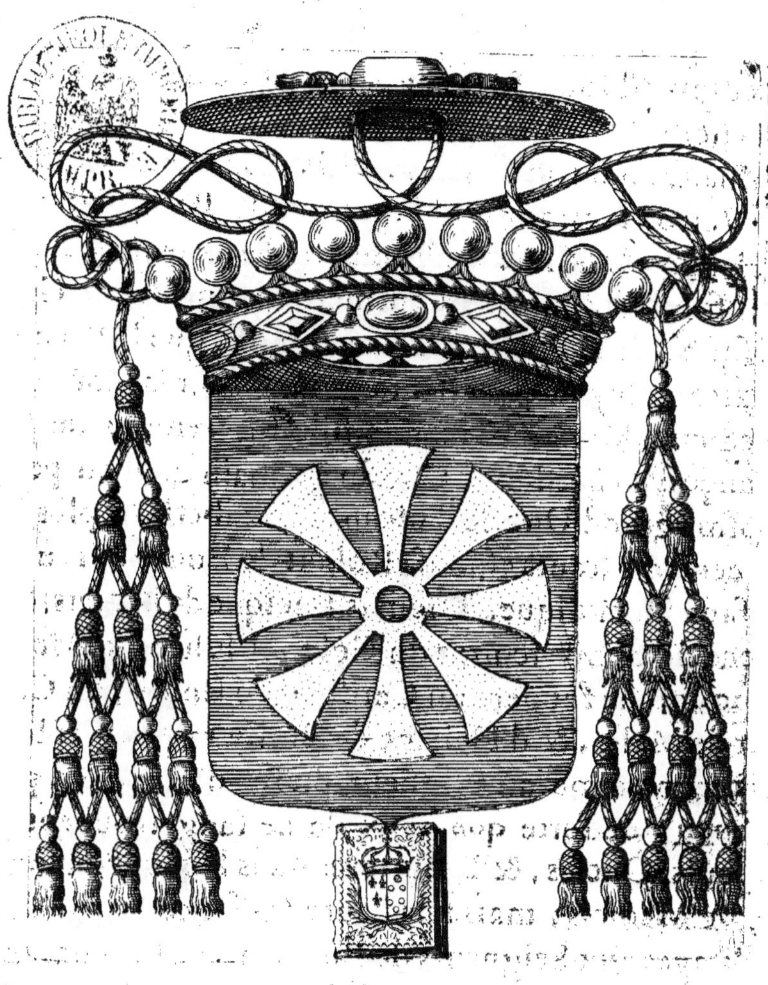

LA vertu solide ne releue point de la fortuné, quand
l'Estat de Florence a chãgé de Gouuernemét lés Seigneurs de Bonsy n'ont point changé de condition; cette
illustre famille qui tire son ancienne origine de Colo-
gne, & qui pourtant est reconnuë noble dans la Toscane il y a plus de cinq cens ans, a possedé diuerses fois les
supremes

fuprmes charges de Gonfalonier, de Prieūr & Chef des
bandes de la Republique ; & depuis que la maiſon de
Medicis eſt ſouueraine de cet Eſtat, celle de Bonſy en
eſt encores deuenuë plus celebre par les auguſtes nœuds
d'alliance qui l'approchent de la Couronne. Conſtance
de Veſroy femme de Dominique de Bonſy eſtoit fille
d'Heleine de Medicis. Thomas Soderini pere de trois autres filles en donna vne en mariage au Comte Guerre-
deſque, de qui le fils fut ſi accomply, que le Pape Leon
onziefme luy fit eſpouſer ſa propre ſœur la Comteſſe de
Medicis. Marie ſa ſeconde fille fut femme de Pierre
François de Medicis, Couſin germain de Iean pere de
Coſme grand Duc de Toſcane. Elizabeth la plus ieune
de ces trois ſœurs eſpouſa Robert de Bonſy qui eut pour
enfans Dominique, Thomas Eueſque de Beziers, & Lucrece de Bonſy femme du Colonel Iulien de Medicis:
Dominique fut pere du Cardinal de Bonſy, du Cheualier de Malte, & d'Heleine de Bonſy mariée par le Pape
Leon onzielme au Seigneur Pierre d'Elner ſon propre
Neueu, de ſorte que ceux de ce ſang trouuent leurs
Ayeuls, Oncles, & Beaufreres dans la famille ſouueraine de Medicis ; mais ſi la haute naiſſance donné des aduantages aux Seigneurs de Bonſy, ils ne ſont pas moins
eſclattans par l'excellence de leurs vertus : les occaſions
militaires ont fait paroiſtre leur courage, & les celebres
ambaſſades dont ils ſe ſont dignement acquittez ont eſ-
prouué la force de leur eſprit & de leur iugement. Dominique premier du nom de Bonſy eſt connu entre les
premiers de ſa maiſon, qui ont plus exprimé de zele &
d'affection pour le ſeruice de la France, de laquelle il
eſtoit

estoit auſſi bien voulu : ce qui obligea la Republique de
le choiſir pour Ambaſſadeur non ſeulement vers le Pape
Alexandre ſix, mais encore en la Cour de France, afin
que meſlant ſon credit à ſon eloquence il pût obtenir du
Roy Charles huictieſme la reſtitution de la Ville de Pize, & autres places qui s'eſtoient renduës au pouuoir des
armes Françoiſes. Robert de Bonſy qui fut de meſme
enuoyé Ambaſſadeur vers le Pape Clement ſeptieſme,
pour la paix de la Republique, ſeruit dignement le Roy
François dans les guerres d'Italie : & à ſon exemple le
Cheualier de Bonſy ſon Neueu, qui voyant que le feu
des emotions ciuiles menaçoit tout le Languedoc d'vn
embrazement general, ſacrifia genereuſement ſon ſang
& ſa vie pour le repos de l'Eſtat, commandant vne compagnie de Cheuaux legers qu'il auoit leuée à ſes frais, &
dont il ſeconda le zele & la fidelle reſolution de Thomas de Bonſy Eueſque de Beziers, lequel contenant ſon
Dioceſe dans le deuoir & obeyſſance empeſcha que le
reſte de la Prouince de Languedoc ne fuſt emporté par
ce torrent de reuolte publique. Antoine de Bonſy fut
choiſi Nonce extraordinaire de ſa Sainteté vers le Roy
François, pour traitter le mariage de Catherine de Medicis auec Henry fils de France depuis Henry ſecond.
L'Eueſque de Beziers, Thomas de Bonſy, fut de meſme
enuoyé Ambaſſadeur de Henry troiſieſme, vers ſon Alteſſe le Grand Duc, pour demander en mariage Madame Eleonor ſa fille, pour ſon Alteſſe Monſeigneur le
Duc d'Alençon ; mais c'eſtoit ſa ſœur Marie de Medicis que le Ciel auoit deſtinée pour la fecondité de nos
fleurs de Lys, pour leſquelles Royalles eſpouſailles le
Grand

Grand Duc Ferdinand defpecha en France Iean de Bonfy non moins iudicieux & fçauant perfonnage que fon
Oncle; qualitez qui l'efleuerent au folftice des dignitez
Ecclefiaftiques. Il fut Euefque de Beziers, & la Reyne
le choifit fon grand Aumofnier: depuis continuant fes
feruices à la Couronne il fut long-temps à Rome, où le
Cardinal d'Offat fut tefmoin des foins qu'il employa
pour l'intereft de cet Eftat; ce qui obligea le Pape de
refpondre aux prieres que le Roy luy fit en la faueur de
ce Prelat, & le crea Cardinal du tiltre de S. Clement;
dignité qui ne le fit point relafcher dans la continuité
des feruices qu'il rendit à Rome pour les affaires de
France, iufques au iour de fon decez arriué le 4. Iuillet
1621. Son Coadjuteur & Neueü Dominique de Bonfy
ne fut pas moins confideré de la Reyne, qui le fit auffi
fon grand Aumofnier. Le Vicomte de Valian, Thomas
de Bonfy fon autre Neueu, deceda ieune, eftant enfant
d'honneur de Louys treifiefme: enfin tous ceux de la
maifon de Bonfy font en poffeffion de cette ardente affection au feruice de nos Manarques. Meffire Clement
de Bonfy aujourd'huy cinquiefme de fon nom, Euefque de Beziers, n'a point relafché de cette noble ardeur,
auec laquelle fes predeceffeurs ont accompagné leur
obeyffance pour nos Roys. Ce digne Prelat n'a point
trouué d'occafion pour contribuër aux aduantages de
l'Eftat, qu'il n'ayt embraffée auec empreffement. On l'a
veu lors du Siege de Laucate, ne leuer pas feulement vn
Regiment à fes frais, mais payer encore de fa perfonne,
& fe treuuer à l'action prez le Marefchal de Schomberg.
Cette nuit que l'on compte entre les plus belles iournées
de nos

de nos victoires, le Côte de Bonfy son frere n'a pas donné moins de preuue de son immuable fidelité pour cette
Courône, qui luy a fait mespriser la perte presque entiere de tous ses biens que l'Empereur luy a fait confisquer
en Allemagne iusques à cent mille escus de fonds, lors
qu'il estoit Ambassadeur & resident pour sa Majesté à
Mantoüe, charge qu'il a exercée depuis l'an 1639. iusques à l'an 1647. auec beaucoup d'honneur & de fidelité. L'on a remarqué en ce Seigneur vne generosité particuliere enuers toutes les personnes de nostre nation au
temps de son sejour à Florence : le feu Roy d'heureuse
memoire auoit vne si particuliere confiance en luy, qu'il
ne passoit aucun Ambassadeur pour Rome, Florence,
ou autres lieux d'Italie, que sa Majesté ne luy en escri-
uist, & ne les luy recommandast. Les Courriers du Ca-
binet venoient tous mettre pied à terre chez luy comme
en la maison du Roy. Les Princes & Seigneurs luy fai-
soient pareil honneur. Il receut en sa maison son Altesse
le feu Comte de Soissons qu'il regala auec toute sa suite
l'espace de quatre iours ; comme aussi le feu Duc d'Es-
pernon, & autres Seigneurs, n'ayant point de contentement si parfait que d'vser de profusion enuers les François. Ce Seigneur est de present retiré en France prez
de Monseigneur de Beziers son frere, où il a des enfans
de son premier mariage auec Christine fille de Iules
Marquis d'Iarye, illustre Famille de Boulogne, alliée ez
maisons de Bentiuoilly, Maluesi, Pepoli, & autres des
plus renommez. Son fils est Abbé de S. Sauueur de Lo-
deue : l'aisnée de ses filles a espousé le Marquis Alphonce
de Molia des plus anciennes maisons de l'Estat Mo-
denois :

denois : sa puisnée Elizabeth de Bonsy est femme de
Messire Gaspard de la Croix Marquis de Castre Galar-
gues, &c. Mareschal de Camp ez armées du Roy, Capitaine, Lieutenant de la Compagnie des Gens d'armes de
son Altesse Royalle, & Gouuerneur de la Ville & Chasteau de Somieres, issu de l'ancienne & tres-noble maison de la Croix, dont estoit S. Roch l'vn de nos Patrons
de la France, & de celle de l'Hospital, dont estoit Frederic Comte de l'Hospital, Mary de la Princesse de Ta-
rente, niepce de Charles Roy de Sicile. La seconde femme du Comte de Bonsy est de la maison des Marquis de
Rosci & Comptes de S. Second dans l'Estat de Mantouë, autre maison qui de tout temps a esté affectionnée à l'Estat François, & de laquelle estoit Pierre Marie
Roscicus Comte de S. Second, le frere d'armes du fameux Pierre Strossy.

La maison de Bonsy porte pour armes d'azur à vne
rouë de huict rayons sous cercle d'or ; l'escu cy-deuant
est accompagné en pointe d'vn liure couuert des armes
de France & de Medicis, à cause de la charge de grand
Aumosnier de la Reyne, que possedoit le Cardinal sus-
nommé.

BICHI.

L ES Sienois ont de tout temps respiré les aduantages de nostre Nation, & l'amour de la France leur
est aussi naturelle que celle de leur pays ; les derniers
siecles ont mesme ouy crier, Viue France, aux femmes
Sienoises ; & ces illustres Amazonnes les Forte-guerra,
& Picolomini, dignes de nostre immortel souuenir, donnerent

nerent des glorieuses marques de leur valeur, comme
de l'affection qu'ils auoient pour la France, lors de leur
Ville assiegée & deffenduë par le Mareschal de Mon-
luc. Mais aujourd'huy vn Prince de l'Eglise, du mesme
sang de Picolomini, n'a point borné les inclinations des
desirs impuissans, il a donné à la France des sensibles
tesmoignages de la grandeur de la generosité & de la
force de son esprit ez derniers emplois & negociations
qu'il a embrassées pour l'honneur de nos Lys & le repos
de l'Europe; l'Eminentissime Alexandre Bichi Cardinal
du titre de Sainte Sabine, Euesque de Carpentras, &
Comprotecteur des affaires de France, fils de Vincens
& de Faustine Picolomini, a fait particulierement remarquer l'excellence de son genie, la force de son rai-
sonnement, & le zele qu'il a pour ce Royaume en cette
fameuse paix d'Italie, où il fit mettre les armes bas à tant
de Souuerains, & s'attira les benedictions de tant de
peuple. Le Roy employa son authorité & sa sage conduite pour esteindre les esmotions de Prouence, & ce
feu des partialitez qui menaçoient desia tant de Prouinces, que ce sage Prelat sçeut accortement appaiser, ren-
dant le repos au Pays & l'authorité au Gouuerneur. Mais
le gain des victoires ne se fait pas toussiours à la teste des
armées, & le bruit des trompetes n'en augmente pas le
prix, les importans seruices que le Cardinal Bichi a rendu à l'Estat n'éclatent pas au iour comme les actions
militaires; & l'on peut dire, par les apparences, qu'il a
fait autant des coups d'Estat que son Eminence a esté
appellée de fois au Conseil secret & aux deliberations
de nos premiers Ministres. Cette Eminente personne
n'est

n'eſt pas ſeulement capable de la haute Politique, ſa bonté s'abbaiſſe meſme à la ſimple Moralle, à la conſeruation de l'vnion dans les familles, & à pacifier les diſſentions qui ſuruiennent entre les dioceſains ; ſa charité ſe fait voir toute ardente enuers les neceſſiteux, & dans ces dernieres diſettes de Prouence, il a paru tel qu'vn autre Ioſeph ; rempliſſant les greniers par tous les lieux de ſon pouuoir, pour diſtribuer le blé à vil prix, & ſoulager de cette ſorte les pauures incommodez. La Maiſon de Bichi a paru encore Françoiſe en la perſonne de Iaques Bichi ſi renommé dans nos guerres de Naples ſous le commandement de Lautrec, & qui deſpuis ſe rendit le bouclier de ſa Patrie contre l'Eſpagnol, qu'il combatit auec tant de generoſité, qu'il s'attira la loüange de ſes meſmes ennemis, auſſi bien que de Malateſte ſon General, & de tous ſes Concitoyens, qui enſeuelirent dans ſon tombeau ce qui leur reſtoit de vigueur, pour deffendre la Republique de Florence, qui ne rendit plus aucun combat apres ſa mort. L'Eminentiſſime Metel Bichi Archeueſque de Siene, & Cardinal du titre de S. Alexis eſtoit iſſu de cette meſme Maiſon, tres-noble & ancienne chez les Sienois. Qui porte pour Armes.

D'or à la teſte de Lyon arrachée de ſable lampaſſée de gueules, ſurmontée d'vne Aigle de meſme, ſeparée d'vn fillet auſſi de ſable.

LE feu de la valeur sert toûjours d'aliment aux ames genereuses; & c'est dedans leurs cœurs que cette noble ardeur establit sa durée contre tous les efforts du temps & de la fortune : les vertus heroïques & la grande naissance vieillissent depuis long-temps en la maison de Cambis; & quoy que ceux de ce nom se soient signa-

lez

lez sous differens climats, ils n'ont toutesfois eu qu'vne mesme inclination, & n'ont pris ces armes que pour les fleurs de Lys. Lucas de Cambis parut entre les premiers qui firent pancher la victoire du costé de Charles de France à la iournée de Beneuent l'an 1256. & ce digne Heros eut l'honneur d'estre tousiours proche de sa Majesté, & contribuer au reste de ses conquestes. Victor de Cambis heritier de sa valeur comme de sa prudence fut choisi par le Pape Benoit pour dissiper la faction des Gibelins. Laurens n'eut pas moins de part à nos victoires dans le mesme Royaume de Naples sous le Roy Charles huictiesme. Marc de Cambis rendit de certaines preuues de sa valeur à la conqueste du Milanois: & Luc son fils voulant encherir sur la passion de ses peres quitta tout à fait la Republique de Florence sa patrie, pour suiure Louys douxiesme en France, où il choisit vne retraitte en Languedoc ; en laquelle Prouince son fils Dominique achepta la Baronie d'Alez l'an 1509. & eut de son mariage Louys de Cambis qui laissa vne florissante posterité en trois fils qui ont fait diuerses branches: François Cheualier de l'Ordre du Roy, Baron & Vicomte d'Alez en Languedoc ; Iean Baron d'Orsan & de Lani en Prouence ; & Theodose Seigneur de Serignac. Ce François espousa Marguerite de Villeneufue, fille du Marquis de Traue, dont il eut George de Cambis qui espousa Isabeau de Thezan fille d'Oliuier Vicomte de Pangeol, dont il eut le renommé Iaques Baron d'Alez, qui par le seruice de trente campagnes s'éleuoit aux premieres charges de sa profession, si la mort l'emportant auec son fils vnique ne luy eust osté tout
ensemble

enfemble le bafton de Marefchal de France dont il auoit le breuet. Ce parfait Capitaine commença de porter les armes auec fon Oncle Raymond de Thezan, il feruit dans la Compagnie d'ordonnance du Duc de Montmorency; & depuis fa valeur l'efleuant par tous les degrez militaires, il fut Lieutenant General du Marefchal de Gaffion, & dans cette qualité fe rendit fi confiderable, que le Roy le fit l'vn de fes Lieutenans Generaux en Cathalogne, où commandant la Caualerie, & s'eftant trop auancé pour reconnoiftre les ennemys préz la Ville de Gironne, il fut griefuement bleffé & mourut peu de iours apres, auec fon fils vnique tué en la mefme occafion. Son frere le fieur de Souftele Lieutenant Colonel du Marquis de Nauaille, & Marefchal de bataille, a efté tué quelques années auparauant deuant Bordeaux. Ces nombreufes pertes feroient inconfolables particulierement à ceux de ce fang, s'il ne reftoit encores deux branches en France de cette glorieufe & ancienne tige qui continuë ez Seigneurs d'Orfan & de Seruieres en Prouence, qui fe font alliez ez plus nobles maifons du pays, & Prouinces voifines, entre lefquelles font celles des Comtes de Grignan, des Marquis de Seue & de Traue, de Simiane, de Brancas, Caftellane, Paffijs, Luyne, Grauefon, Sadé & autres, duquel fang ils ont tiré des fucceffeurs qui promettent vne longue durée au nom comme à la vertu de leurs Anceftres.

Le Vicomte & Baron d'Alez portoit pour armes, efcartelé au premier & quatriefme; d'azur à l'arbre de Pin fruicté d'or, & accofté de deux Lyons affrontez de mefme; aux deux & trois efcartelé d'or & d'azur; à la bande

de de gueules qui eſt de Thezan : ſur le tout des quartiers de ſable à cinq lyonceaux d'argent, deux deux vn,
qui eſt d'Alez. Cette maiſon autresfois tres-puiſſante
dans Naples, où pluſieurs ruës portent encore leur nom
auoit l'émail de ſes armes different, eſtant d'or au Pin
de ſinople fruiꞔté du champ, & accoſté de deux Lyons
affrontez de ſable ; cimier vn Lyon ; ſupport deux
Lyons de meſme ; deuiſe *Ales cum Alez.*

Ces armes ſont ornées de cornettes de Caualerie à
cauſe de ſon commandement ; & les baſtons de Mareſchal de France mis à la pointe de l'eſcu, à cauſe du breuet qu'en auoit le Baron Vicomte.

GADAIGNE.

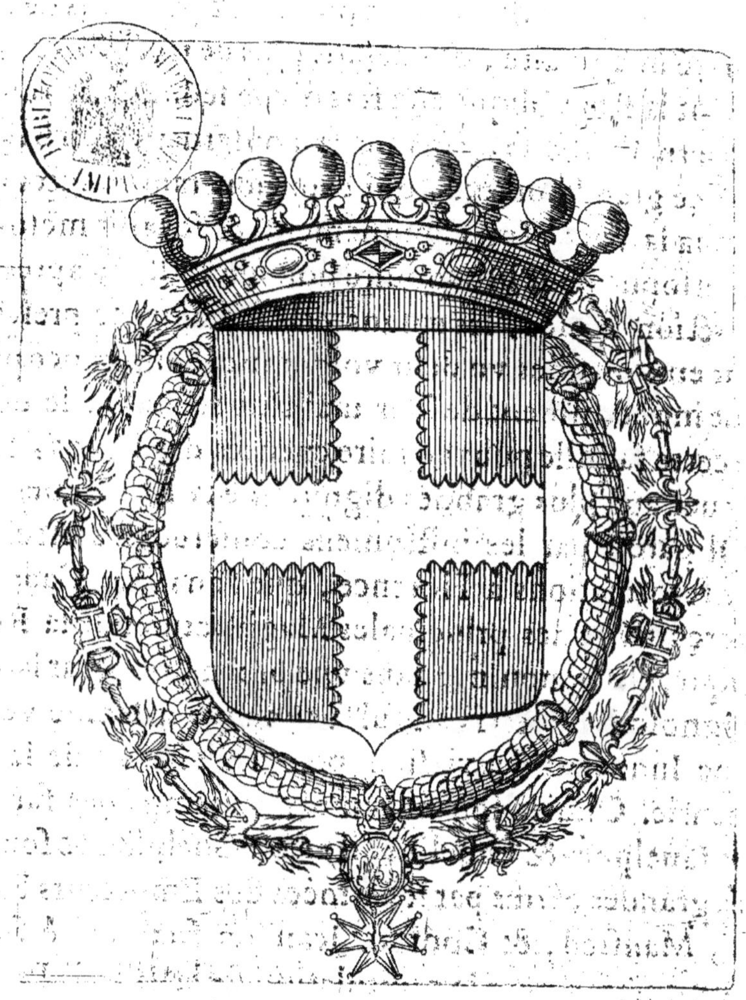

IL n'y a que l'Aigle de qui les yeux puissent souftenir les grandes clartez, & peu de grands courages qui ne se roidiffent contre des nouuelles puiffances; entre les Florentins qui furent efbloüys ou jaloux des heroïques qualitez de Cofme de Medicis, Bernard Gadaigne, l'vn des plus hardis & des plus braues entre les Citoyens,

toyens, parut auffi l'vn des plus zelez partifans de cette liberté imaginaire, qui depuis plus de trois cens ans tenoient la Republique aux fers d'vne fedition & rumeur perpetuelle : & croyans ne la conferuer qu'en bannifant ce grand homme, qui captiuoit tant de cœurs. Il donna la voix à fon efloignement, & fe faifit mefme de fa perfonne pour le conduire hors de l'Eftat ; apres cette action fi ofée, les enfans de Gadaigne fe prefcriuirent eux-mefmes vn exil volontaire, & la France profitant innocemment de leur malheur recueillit le débris de cette famille pour en faire encores des Heros, & les efleuer aux plus grandes dignitez de ce Royaume.

Il paroit par les inftrumens conferuez ez Archiues des reformations à Florence, que l'an 1204. Gadaigne exerçoit vne des principales Magiftratures de la Republique, eftant nommé dans vne procuration, par laquelle Ignofo Lamberti Conful fut enuoyé à Rome vers le Pape Innocent deuxiefme pour les affaires de la Seigneurie. Oliuier fon fils viuoit au temps des factions des Guelphes & Gibelins, il eftoit Guelphe, & fouftint des grandes pertes par les armées des Empereurs Frederic, Manfred, & Conrad. Iean fon frere aifné fut de ceux qui traiterent la capitulation de la Ville de Piftoye, qui fe rendit aux Florentins l'an 1253. & Melchior de Gadaigne deuxiefme du nom fon petit fils fut quatre fois Gonfalonnier, & s'oppofa à l'authorité que les Albifi auoient vfurpée fous la Republique. Vieri fon fils eut deux fois la mefme dignité, & fut pere de Bernard furnommé, qui caufa la ruine de cette maifon en Italie, qui a eu les aduantages de poffeder dans cette Republique

onze

onze fois la supreme dignité de Gonfalonier, & dix-sept
fois celle de Seigneur & Prince de la liberté.

Oliuier fils de Simon de Gadaigne fut le premier de
sa maison qui l'an 1530. se retira en France auec son frere,
& l'vn de ses fils nommé Thomas ; estant à remarquer
que Iaques son autre fils demeura en Italie, & fut Lieutenant du grand Cosme Duc de Florence l'an 1562. Thomas frere d'Oliuier choisit en France la Ville de Lyon
pour sa demeure, & rendit des grands seruices au Roy
François apres la iournée de Pauie, & presta à sa Majesté cinquante mil escus pour acheuer le Traitté de sa liberté. Il fut Maistre d'Hostel du Roy, & achepta plusieurs terres nobles, entre lesquelles S. Victor de la Coste, Gualargues, Lunel, Rochemore, S. Gormier, S. Iean
en Forest, Amberieu en Dombes, Cier, & Verdun en
Bourgogne, Beauregard, Chars, & Prauueux en Lyonnois. Il fit bastir & dota deux grands Hospitaux pour les
pestiferez, l'vn à Lyon & l'autre en Auignon, & vne
Chapelle magnifique aux Religieux de S. Dominique
en Auignon. Thomas son Neueu surnommé le Magnifique, de mesme que son Oncle estoit appellé le Riche,
fit sa demeure ordinaire en Languedoc à S. Victor de la
Coste, où il tenoit toute sorte d'Officiers, & faisoit vne
despence vrayemét magnifique : il estoit amy des Arts &
des sciences, & entretenoit tousiours chez luy des Scul-
pteurs, des Peintres & Architectes, auec vne Musique
tres-accõplie. Le Duc d'Orleans, qui depuis Roy Henry
second, l'honnora de sa visite en sa maison d'Auignon, &
luy donna la charge de Maistre d'Hostel qu'auoit cy-deuant possedé son Oncle. Sa magnificence paroit encores

en

en plusieurs edifices, & vne ruë entiere qu'il fit baftir en Auignon ; mais il fut pere d'vn fils qui a porté bien plus haut la gloire & l'honneur de fa maifon. Guillaume de Gadaigne l'vn des Heros de fon temps commença fes Campagnes à 18. ans. Il fit le voyage d'Allemagne auec le Marefchal de S. André & fe treuua depuis à la prife de Calais, au fiege de Thionuille, à la rencôtre de Renfy, & plufieurs autres occafions confiderables, pour lefquels feruices le Roy Henry fecond luy donna la charge de Senefchal & Lieutenant de Roy au pays Lyonnois, & le receut au nombre des Gentil-hommes de fa Chambre, qui n'eftoient lors que de vingt-quatre. Le Roy Charles-neuf le continua ez mefmes fonctions; & ce fut fous fon regne qu'il fe fignala au recouurement des Villes de Blois, Tours, Amboife, Poictiers, Bourges & autres. Il fit de mefme en la bataille de Dreux, & commanda l'armée fous le Duc de Nemours au Lyonnois, comme à la prife du Haure de Grace fous le Marefchal de Briffac. Aux deuxiefmes troubles il eut commiffion du Roy pour vne Compagnie de 100. Cheuaux Legers qu'il leua à fes frais en Italie, & à fon retour fut fait Cheualier de l'Ordre, le Roy changeant fa Compagnie en vne d'Ordonnance qui a depuis toufiours fubfifté. Apres le decez de Charles neuf, Henry troifiefme venant à la Couronne honnora ce Seigneur d'vne celebre & importante Ambaffade vers l'Empereur Maximilian, & la Republique de Venife. A fon retour il fut Confeiller d'Eftat, & les mouuemens de la ligue n'efbranflerent iamais fa fidelité pour le Roy, qui le pourueut du Gouuernement de Lyon & Lyonnois, apres le decez du

fieur

sieur de Mandelot, & l'augmenta encore du Foreſt &
Beaujelois, luy promettant dez lors le Colier de l'Ordre
du S. Eſprit, qu'il receut enfin au treiziefme Chapitre
tenu aux Auguſtins à Paris le feptiefme Ianuier de l'an
1595. Mais les felicitez de cette vie font en plumés auſſi
bien que la fortune, & ce grand homme n'auoit quaſi
plus rien à fouhaitter lors qu'il perdit tout à la fois fon
fils vnique Gaſpar de Gadaigne, ayant cauſé fa mort par
la fienne propre arriuée dans vne embufcade que luy
dreſſerent les ennemys de l'Eſtat prez de Verdun fur
Saone le douziefme Decembre 1594. fon pere inconſolable deceda le quinziefme de Ianuier fuiuant, de mefme
que Madame Ieanne de Sugni fa femme, qu'vn mefme
tombeau receut à mefme temps.

Thomas de Gadaigne frere de Guillaume Seigneur de
Beauregard, Charli & Praiueux, Baron de Champerou l'auoit precedé au tombeau, luy laiſſant entre fes
Neueux Baltazar de Gadaigne d'Otum fon Neueu ma-
ternel & heritier, qui commença de luy faire efleuer vn
tombeau dans fa Chapelle des Iacobins de Lyon, & qui
a efté acheué par Antoine de Gadaigne d'Otum, Baron
de la Baume & de Charmois, Seneſchal & Lieutenant
de Roy en Lyonnois, &c.

Le Seigneur Baron de Champerou, Guillaume de
Gadaigne, Colonel d'vn Regiment de Caualerie au
feruice du Roy, fuit glorieufement les pas de fes Oncles, & s'eſt acquis beaucoup de reputation dans nos armées, où il a receu diuerfes bleſſures.

Charles Felix Galien de Gadaigne, Seigneur de Gadaigne, Conſeillier du Roy en fes Conſeils, Mareſchal

de

de Camp ez armées de sa Majesté, Maistre de Camp du Regiment de la Marine, Gouuerneur des Ville & Chasteau de Pont à Mousson, ne rend pas le nom moins glorieux que ses Ancestres, ayant rendu beaucoup de preuues de sa valeur pour le seruice de la France, & principalement au siege de Rose en Catalogne, où il fut blessé. Il a aussi dignement serui le Roy pendant les reuoltes de Paris, & commande à present pour le Roy dans la Ville de Rose.

L'heritier de Gadaigne a porté cette terre en la maison de Galien par son mariage, auec Baltazar de ce nom, qui tire son origine d'vne maison tres-noble & ancienne en Piedmont, de laquelle est aujourd'huy chef, Messire Louys de Gallien, Seigneur des Essars, Marquis de Salerne, &c. qui de Marguerite de Ponteuez Buoux sa femme a vn fils nommé François, qui promet en son temps des fruits dignes de sa tige.

La maison de Gadaigne porte pour armes de gueules à la Croix endentée d'or; supports deux Leopards de mesme; cimier vne teste de Licorne d'argent; deuise, *Exaltabitur*, armes qui se voyent encores à Florence en deux tours qui restent de l'embrazement du Palais de Gadaigne en la ruë des Albisi.

MAGALOTI.

LA valeur semble estre hereditaire dans la maison
de Magaloti ; il y a plus de trois cens ans que ceux
de ce nom portoient la qualité de Princes du peuple
dans la Republique de Florence ; ils ont esté aussi Gou-
faloniers des compagnies, & se sont mesmes trouuez
assez puissans pour se declarer Chefs de parti, contre vn

de

de nos Princes François; Robert Roy de Naples & de
Sicile, au temps que ces Monarques feruoient de protection aux Florentins, contre le party des Gibelins;
mais cette inclination s'eft trettuée bien differente en
leur pofterité, qui pourtant n'a changé ny de courage,
ny de fortune, & l'on a veu dans ces derniers temps le
braue Marquis Magaloti touché de la bonne odeur de
nos fleurs de Lys, s'en rendre auffi zelé deffenfeur que fes
ayeuls en auoient efté ennemis: fon courage & fa vertu
luy ont ferui de degrez pour monter aux premieres
charges de la Couronne, qu'il auroit fans doute glorieufement poffedées fi la mort ne luy euft ofté ce que le
Roy ne pouuoit refufer à fon merite. Fra-Pietre Magaloti de l'Ordre de S. Iean de Ierufalem a ferui en qualité
de Maiftre de Camp de Caualerie, de Marefchal de
Camp dans les armées, & n'a point fait de campagne,
qu'il ne l'aye toufiours couronnée de quelque belle
action. Sa valeur parut principalement à la prife de Co-
lioure, lors qu'il repouffa les ennemis iufques à la portée du piftolet de la place où il fut bleffé d'vne moufquetade qui luy emporta le doigt de la main. Au Siege
de Graueline on luy vit executer tout ce qu'vn grand
cœur peut ozer entreprendre; & c'eft fans aucune grace de la fortune qu'il a commandé en chef noftre armée Royalle en Lorraine, où il a fait douter s'il eftoit
meilleur foldat que grand Capitaine. Le Siege de la
Motte a ferui d'illuftre matiere à fes derniers lauriers:
cette place qui auoit n'agueres coufté tant de temps &
de teftes au fameux Marefchal de la Force, & dont la
petiteffe auoit efté reparée par tant de fortifications, ne
peut

peut refifter à fes heroïques trauaux : & l'ardeur de vaincre accompagnant par tout fa longue experience au
meftier de la guerre luy en promettoit la prife dans le
temps qu'il auoit promis à la Reyne , fi la mort n'en euft
retardé les derniers momens. Cette place qui l'auoit
obligé à de fi grands trauaux à caufe de fa fituation, qui
n'eftoit commandée d'aucun endroit , & où l'art auoit
adioufté tout ce qui manquoit à la nature : où l'on ne
pouuoit aller que par vn chemin fort droit , & où il n'y
auoit qu'vne porte. Cette place trouua vn fecond victorieux, dont le courage furmonta fes difficultez auec
tant de chaleur. Les ennemis du dehors comme les affiegez furent furpris de fa promptitude en tous fes trauaux, où il voulut eftre toufiours prefent, foit à l'ouuer-
ture des tranchées ou à la deffence des forties , entre lefquels fa valeur fe fit particulierement remarquer , lors
que l'ennemy ayant fait fortir au nombre de fix cens
hommes , & foixante cheuaux pour aller contre nos
trauaux : noftre General d'armée fut à eux auec trente
Maiftres du Regiment de la Mefleraye , où apres auoir
effuyé vn rude falué de moufqueterie qui luy fut tiré de
la contrefcarpe , voyant que l'Infanterie ennemie char-
geoit la noftre qui commençoit à plier, il mit pied à terre à la tefte de nos troupes ; & r'animant nos foldats fit
repouffer fi viuement les affiegez, que l'on eut peine
de les arrefter , voulans à toute force entrer pefle mefle
auec les fuyards qui furent pourfuiuis iufques à la contrefcarpe , qu'ils commanço ient d'abandonner. Le
General Magaloti eut trois cheuaux tuez en cette
action : celuy qui le montoit , vn qu'il auoit prefté au
fieur

sieur de Campi, & celuy de son page. Les assiegez y
perdirent quarante hommes tuez sur la place, & soi-
xante blessez, & les nostres seulement quatre Cheuaux
legers, autant de Suisses, & trois Italiens. Ainsi continuant tousiours de fauoriser les trauaux par sa presence,
il fit faire le logement sur la contrescarpe, apres l'opi-
niastreté d'vn sanglant combat, dont il retourna blessé
à la main; & peu apres reconnoissant la place pour vn
autre logement qu'il vouloit faire au pied du bastion, il
fut blessé d'vn coup de mousquet qu'il receut au milieu
du front, & qui luy sortoit prez de l'oreille gauche.
Auant son decez il enuoya vn Gentilhomme à la Reyne
tesmoigner à sa Majesté, qu'il n'auoit autre regret en
mourant, que de n'auoir pas eu le bonheur de voir les
Armes du Roy dans la Motte, & à Monsieur le Cardinal Mazarin, qu'il auoit grand deplaisir de ne s'estre pû
acquitter des obligations dont il estoit tenu à son Eminence; cette mort arriuée le premier de Iuin 1645. La
consternation de nostre camp, & le regret particulier de
ceux qui connoissoient le merite de ce grand Capitaine, dont la mort releua le courage des ennemis qui
chasserent les nostres du logement qu'ils auoient fait
sur la contrescarpe; mais qui ne furent pas plustost re-
gaignez par l'ordre du Mareschal de Villeroy, que le
Gouuerneur de la place demanda à capituler. Le corps
du General Magaloti fut porté en la Ville de Chaumont
en Bassigny, dont six cens des habitans luy furent au
deuant, & le receurent les ruës tenduës de dueil, accompagnant ses obseques de tous les honneurs deus à la
memoire de celuy qui auoit si bien merité de la France,
&

& les auoi r defendus de la barbarie de leur mauuais
voifins : ceft dans ce mefme temps que l'Eglife à efté
illuftrée de la pourpe du Cardinal Laurens Magaloty,
Archeuefque de Ferrare, oncle du defunt, qui auoit
comme luy, l'honneur d'appartenir au Pape Vrbin
VIII. de fainéte & glorieufe memoire, Cefar Magaloty, Cheualier de Malthe, à efté auffi Camerier
d'honneur d'Innocentio X. & ce mefme nom refleurit encore dans nos armees en la perfonne de Bardo-
bardy Magaloty, neueu du feu General, lequel eft Capitaine aux Gardes, & à vn frere cadet qui fut n'a gue-
res bleffé de trois moufquetades aux lignes d'Arras.

Cette maifon porte pour armes, facé d'or & de fable, au chef de gueulles, chargé du mot *Libertas*,
en lettre d'or, les battons de Marefchal de France, font
pofés au deffous de l'efcu prefent, pour faire connoi-
ftre que la mort empefcha le Seigneur Magaloty de
receuoir cét honneur, dont il auoit le Breuet : les
Drapeaux qui l'accompagnent, marquent la charge
de General d'armée : le Graueur à manqué de charger
le chef de fes armes de celles de la Religion de Malthe, dont il eftoit Cheualier.

[illegible]
[illegible]
[illegible]
[illegible]
[illegible]
[illegible]
[illegible]
[illegible]
[illegible] *libertés*,
[illegible] Françoise [illegible]
[illegible]
[illegible]
[illegible]
[illegible]
[illegible]
[illegible]

ARIQVETI.

L'Homme ſage ne treuue pas ſeulement plus de
gloire d'Obeyr à vn Prince, qu'a vn Artiſan, il
y rencontre encore plus de ſeureté, parce que les
volontés ſeparées ſe deſtruiſét,& que l'Eſtat qui ſouf-
fre de la côſtrainϲte, ne peut auoir vne l'ongue durée.

l'Ambition tyrannique du party Gibelin, & les partialités que caufa cette guerre inteſtine, obligerent Pierre Ariqueti de deſerter ſa patrie, pour perpetuer ſa famille dans l'Empire des Fleurs de Lys. ce prudét Fondateur d'vne des plus floriſentes Branches qui ſe ſoient ſeparées de leur Tige, ſe chargea comme vn autre Enée, de tous ſes Dieux Domeſtiques, car bien qu'il preferaſt vne ſage retraite à vne opiniatre reſiſtence, il ne ſe deſpouilla point des forces qui firent vaincre ſes predeceſſeurs, & ſe ſouuint touiours que ſa famille auoit pris la religion pour le fondement de ſa grandeur, & que ſes peres s'etoint plus fait renommer en qualité de protecteurs de l'Euefque de Frefole, que de Confuls de la ville de Florence. Comme heritier de leurs vertus heroïques & Chreſtiennes, il comança de ſe faire connoitre en France, par vne action de charité, toute magnifique, & Religieuſe; ce fut en la ville de Seyne, l'Ymitrophe du Piedmont, qu'il fonda vn Hoſpital pour les pauures, lequel il dota de grands reuenus, comme il paroiſt par les actes des années, mille trois cens quarante ſix. 53. 60. & mille trois cens huictante.

L'Origine de cette Maiſon eſt ſi ancienne, quelle ne ſe treuue pas meſme dans le Berceau de la Republique de Florence, ny de celle de Fiezolle. Franceſco Zazera dans ſon Hiſtoire des familles d'Italie, *Remarque*, qu'Euerard de Medicis deuxieſme du nom, eſpouſa Mandina Ariqueti, de famille qu'il nomme *Antichiſſima Fieſolana*; Et plus bas il raporte ces paroles, de Ricordano Malefpini, *diſcorendo del primo cerchio, & ez andio vn noble Fiezolano, il quale hebbe nomé Ariqueto, de la cuy progenia sonno nati & disceci gli Arequeti, & per loro nobilita, & forsa, è grandigia, furono fatti diffenditori del vescouo di Fiesole,* le mesme autheur dit qu'il faloit qu'Euerard de Medicis fut en grande consideration , pour entrer dans vne alliance si auantageuse que celle d'Ariquetti, qui luy fut ancore si heureuse par sa fecondité , qu'il eut six fils de son mariage , dont le sang remplit auiourd'huy les premiers Trosnes de l'Europe. Le mesme Zazera parlent des familles qui commendoient des Chateaux en ce temps , nomme entre les premieres les corbisi, & Ariqueti, & raporte que l'an 1197 Compagnio Ariqueti estoit Consul Souuerain de la ville de Florence ; dignité qui despuis fust partagée aux Prieurs & seigneurs de la liberté , & enfin aux Gonfalonniers , & le qu'alifie touiours Noble Guelfe. Paulo Mini en son discours de la Noblesse de Florence , place les Ariqueti entre les plus nobles & anciens de la Republique , & leur donne leur habitation au quartier de saint Iean, ou il y eut vn Gonfalonnier de ce nom 1404. le mesme dit qu'ils sont exempts des Gabelles & de tous subcides , & marquant les plus conciderés qui viuoient l'an 1200. cómence par les d'Adinari Ariqueti, d'Alberighi , & continuë iusques à plus de deux cens des familles qui estoient l'ors en plus grand estime en la ville de Florence. Le Prioriste, & liure des reformations, faiċt foy d'onze Prieurs & Seigneurs de la liberté du mesme nom , comançant par Iean Ariqueti, l'an

1567. l'Eſtat de Toſcane conſerue encore au iour-
dhuy beaucoup d'eſtime pour cette maiſon, qui côti-
nuë en la perſonne du Seigneur Guillaume Ariqueti,
Intendant General des Fortereſſes de ſon Alteſſe, le
grand Duc de Toſcane, lequel à pour fils le Colonnel Ariqueti qui, n'agueres reuenant des armées
d'Allemagne, paſſa à Marſeille, ou il fut felicité de ſes parans, lesquels biens que ſeparés dépuis long temps de la Souche, ne laiſſent de ſe connoiſtre tous de meſme ſang. Mais c'eſt trop laiſſer
noſtre nouueau François dans les terres de Prouence, ou il ſeroit encore eſtranger, ſi dés ſon arriuée,
la valeur, & la pieté ne luy auoiét donné rang entre
les premiers du Païs ; ce fuſt la, que ſon bras miniſ-
tre de ſon cœur, fiſt cônoiſtre à nos Roys de Naples
Comtes de Prouence, qu'il eſtoit par tout bon Guelfe, auſſi bien que leur fidelle ſubjet, & qu'il ny à
point de terre ou la vertu ne treuue des Couronnes.
Ce grand homme choiſit ſa ſepulture en la meſme
maiſon qu'il auoit conſacrée au Dieu des batailles,
& au Côſolateur des affligez, ſa repreſentation reueſ-
tuë d'vne coſte d'Armes à l'antique, & l'Eſpée nuë
à la main, marques exterietres de la grandeur de
ſa naiſſance, & de ſon authorité, à long temps ſerui
d'ornement à ſon Tombeau, & trois ſiecles paſſés
ſur ſes cendres ne ſçauroient encore en effacer la
glorieuſe memoire.

Antoine ſon fils, Ne luy ſucceda pas ſeulement
en grandeur de courage, il le ſurpaſſa dans la Politique, & la cognoiſcence des belles letres, qui le
ren-

rendirent ſi conſiderable dans la prouince, que l'an
1596. Il fut choiſi l'vn des deux gentils-hommes que
la ville de Marſeille auoit accoutumé de nommer,
l'vn pour Viguier, lautre Iuge du palais. Il exercea
cette derniere, comme il ſe Iuſtifie par lacte du Notaire Albani, paſſé à Marſeille le dernier Octobre
de la meſme année, & la renplit ſi dignement, que
l'année ſuiuante, il fut eſleu Iuge de Taraſcon, dignites qui pour lors eſtoient annuelles, & ſeulement
poſſedées par les premiers nobles de la prouince.
ce prudent & ſage Magiſtrat fut pere de Iaques Ariqueti, & par corruption de noſtre langue nommé
Riqueti, lequel eſtoit Conſeigneur de Ries, apreſent
ville Royale, comme de d'Eyglun, vilage pres de
digne, les quelles terres il poſſedoit l'an 1412. Antoine deux ieſme du nom, ſon fils & heritier, eſpouſa
Catherine de l'Antoyn, de la qu'elle il eut trois fils,
Honoré, Iean, & Reynier. les deux premiers ſucce-
derent aux biens de leur pere, & tous deux firent
branche. Honoré eſpouſa l'an 1515. Ianne de Tillier
de noble famille de Marſeille, & 1523 rendit hom-
mage au Roy Comte de Prouence, de ſa ſeigneurie de
Syeyes. Iean ſon fils & heritier, fut premier Conſul
& gouuerneur de Marſeille en 1562. au quel temps
la contagieuſe ſecte des religionnaires, commençoit
a rependre ſon venin dans les meilleures villes du
Royaume, mais ce zelé conceruateur de la pureté
de nos Autels, fit bien voir en cette occaſion qu'il
eſtoit du ſang des premiers protecteurs de l'Egliſe. il
eſtoufa dans ſa naiſcence iuſques au moindres ſe-

mences de cette fauce doctrine, & ne soufrir point qu'il demeurast dans la ville de Marseille aucun de ses sectateurs. il en chassa aussi la famine, par les charitables asistances qu'il rendit aux pauures habitans, leur fournisât de son propre grande cantité de *Bieds*, qu'il fit venir de dehors. Enfin ses seruices furent si considerables à tout l'estat, que le Roy mesme luy en rendit de semsibles marques de gratitude, dans le don que luy fit sa maiesté, es acquisitions des terres de Mirabeau, & Negreau, qu'il achera de l'Illustre & ancienne maison de Glandeues, en laquelle il salia 1564. espousant Marguerite de Glandeues de Cuges, qui le rendit pere d'Honoré, Ogier, Pierre, Antoine, & Thomas de Riqueti, & de deux filles Marguerite & Claire.

Honnoré espousa Ieanne de Lenche, dont le frere aysné estoit gendre d'Alfonce d'Ornano Mareschal de France, & le cadet mary de Louyse de Vilages autre maison si renommée dans l'Europe. Pierre & Thomas decederent sans enfants, comme leur frere Ogier; les deux premiers portés d'vn zele égal à celuy de leurs Ayeulx, se font amployes à l'acroissement du culte diuin, & on donné des sommes immences pour fonder la maison professe des Reuerands Peres Iesuites de Marseille, comme il paroist par l'acte passé en la mesme ville, mille six cens quatorse.

Honoré deuxiesme du nom & son frere Antoine de Riqueti ont formé deux Rameaux.

Le premier fut gouuerneur & premier Consul de

Marseille l'an 1621. au temps que noftre Roy Louys
le iufte tenoit la ville de Monpelier affiegée, & que
fa Majefté auoit plus befoin des feruices de fes bons
fujets. ce fut en cette conjoncture qu'Honoré de
Riqueti exprima fon zele & paffion pour fon, Prince
& pour fa Religion, fecourant de tout le pouuoir de
la ville, par vne vigillance & conduite particuliere,
l'incommodité du Camp Royal, & faifant fi foig-
neufement affifter les bleffez & malades, que ce
Gouuerneur alant faliier le Roy audit Camp, en
reçeut de grands tefmoignages de bien veillance &
de fatisfaction de Sa Majefté, qui luy commanda de
laiffer Thomas de Riqueti fon fils à la Cour, affin
de reconnoiftre en toute fa famille, vn feruice rendu
à tout fon Eftat. Meffire Thomas de Riqueti Seigneur de Mirabeau, aprés quelque fejour à cette ef-
cole des Heros, entra comme eux au chemin qui
conduit à la gloire ; il commanda la premiere compagnie du Regiment de Buous au fecours de Cafal ;
à ferui foubs le feu Duc de Guife & paru entre les
volontaires aux Ifles de fainte Marguerite, & autres
occafions d'honneur qui ont beaucoup Illuftré fon
merite. ce gentil-homme s'eft alié dans vne des plus
grandes maifons du Royaume, ayans efpoufé Madame Anne de Ponteuez, de Buous, fille de Meffire
Pompée de Ponteuez, Seigneur de Buous, & de
Marguerite de la Baume, de Suze ; cette Dame qui
recognoift le grand Ponpée & les Roys de Negre-
pont, & de Pomeranie pourles fondateurs de fa race,
ne treuue rien qu'il luy difpute les auantages de fa

sa naissance, que les excellentes vertus, & les graces qu'elle a receües de la nature qui nont pas moins d'Esclat que son sang. C'est de ce Mariage glorieux qu'est sorcié vne heroine, & plusieurs Heros, entre les quels l'aisné sieur de Beaumont, qui à commencé de donner de preuues de sa valeur, en plusieurs campagnes qu'il à faictes en Catalogne, au siege de Perpignã, & à la bataille de Lerida. il à serui en Piedmont, commendant en qualité de guidon, puis d'enseigne de la compagnie des gens d'Armes de Monsieur le Comte de Carces, & continuë dans ce digne excercisse, d'augmenter le nombre des branes de sa maison. Messire Iean François de Riqueti son frere, à pris l'Estat Eclesiastique. trois autres Cheualiers de Malthe congnus soubs les noms de Cheualiers de Mirabeau, de Beaumont, & de ville bône, marchent hardiment sur les pas de leurs grands Oncles les Mareschaux de la foy, emploiant geneureusement leur vie pour la defance de nostre Religion, & de leur ordre. les deux premiers ont tiré l'Epée pour le seruice de la Couronne, & ont eu nostre admiral, & le Duc de Mercœur, pour temoins de cette action. Tous deux à la prise du Cap de quers, le cheualier de Beaumont estant enseigne de Monseigneur l'Admiral Duc de Vendosme, lors du combat qu'il rendit contre larmée d'Espagne.

Antoine fils de Iean de Riqueti & de Margerite de Glandeuez, à formé vne deuxiesme branche qui sert dornement à la premiere. il à esté premier, Consul 1639. & à eu deux fils François, & Thomas
de

de Riqueti, qui partagent egalement la vertu auec
le fang de leurs Ayeulx, & font tres dignes de leurs
condition.

Iean 2. fils d'Antoine, & frere puifné d'Honoré
de Riqueti, fi defus nommé, fut pere d'vn fils vnique appellé Iean comme fon pere, qui l'an 1540.
efpoufa Damoifelle Marthe de Blanc, de la quelle il
eut Ogier, & Iean de Riquetti, Ogier merita la charge de premier Conful & gouuerneur de Marseille,
apres la mort du tyran Cafaux 1596. il falia dans la
maifon de Puget, des plus nobles, & illuftres en gráds
Prelats, Capitaines, & Cheualiers de la Religion de
Malthe, & eut de fon mariage trois fils, l'aifné dont
l'inclination s'eft portée à l'amour des belles lettres,
& dans la Politique, à efté vne fois premier Conful,
& deux fois affefeur de Marfeille, fon frere puifné fut noftry Page de Henry quatriefme, puis
Maiftre d'Hoftel de fa Majefté, qui l'honora de di-
uets employs tres côfiderable, le troifiefme Eclefia-
ftique, eft Abbé de l'Abbaye de Riual.

De Iean troifiefme du nom font iffus Iean quatriefme & Chriftophle, qui defia ont poffedé toutes les
charges ou peuuent afpirer des Gentils hommes de
leur age.

Les Armes de Riquetti Mirabeau font efcartelées
au premier de geules, au pont de deux arches d'Or
qui eft de Ponteuez, efcartelé d'Or au loup raui-
fant d'Afur, qui eft d'Agoult, au deuxiefme d'Or à
trois cheurons de fable, le chef d'Afur au Lion
Iffant d'Argent, Couronné de mefme, qui eft de la

baume de Tule , au troifiefme dor à trois faces de
Geules qui eft de Glandeues , au 4. de Geules à la
Tour d'Or , furmontée d'vne arbre deSinople, & de
deux Lions affrôtes d'Argent, qui eft de Lenche , &
fur le tout des quatre quartiers, d'Afur à la bâded'Or
furmôtée d'vne demi fleur de Lys de Floréce de mefme & accôpagnée en pointe de trois *Rofes* d'Argent
mifes en orle qui eft de *Riqueti*. Cimier vn Ange en
buft reueftu des efmaus de lefcu & les aifles pen-
dantes , fupports deux Anges de mefme, deuife
Iuuat pietas.

ANSELMI.

CEux qui rencontrent leurs ayeuls à la Cour
de Charlemagne, n'ont point besoin de ces
principes fabuleux que l'on donne souuent aux
maisons Illustres. Anselmo Fighinoldi qui enuiron
l'an 80z. fut fait Cheualier par cet Empereur à

donné le nom & le commencement aux Anselmi,
selon l'ancienne tradition de cette Famille ; sans
refuter ny approuuer cette opinion, l'on peut assu-
rer que cette Souche à pris racine en la Republique de Florence, depuis plusieurs siecles, & l'on
voit dans les archiues de la reformation au liure
des chapitres que l'an mil deux cens cinquante six
la paix fut conclue entre les Florentins & Pizans
au nom de Tingo fils de Bernard Anselmi, Tingo
fut Pere de Bernard, qui eut pour fils Palla, lequel
merita la dignité d'Seigneur & Prieur de la republique 1283. & de continuer par cinq fois d'exercer
cette magistrature, ce Bernard eut trois fils l'vn desquels nommé Anselmo Anselmi, remplit iusques
à seize fois ce mesme Siege souuerain ou estoit
monté son Pere, Ducio fut Gonfalonier de Iustice
1196 & Pere desdicts Anselmi, desquels on lit que
l'an 1357. acheterét de la Republique vne place au
quartier de St. pierre de bon Conseil, ou leur maison ancienne se voit encore, Bernard le dernier
des trois fils de Palla Anselmi eut entre plusieurs
enfans Gino Anselmi personnage de grand merite
& qui posseda quatre fois la souueraine puissance
de Gonfalonier depuis l'an 1358. iusques à 1390
ausquels temps il reçeut en grande pompe en la
ville de Florence le Cardinal d'Espagne, qui luy fut
envoyé Legat de la part du Pape, il fit ligue non
seulement auec les Pizans, Sienois, Luquois, &
Aretins : mais encore auec le Sainct Pere Gregoire
XI. qui auoit ce grand homme en particuliere esti-

me, Gino laiſſa pour ſucceſſeur de tous ſes biens
l'aiſné, de ſes neueus qui fut Chef & Capitaine de la
fortereſſe de magnano, & du port de Pize, ſes autres neueus Bernard & Nicolas formerent les deux
branches qui ſont en France & à Florence.

Bernard ayant eſté de la faction de Pierre Albizi
fut priué de tous offices & honneurs da la republique, en laquelle il auoit eſté Seigneur & Prieur
l'an 1425. & ſe retira en France auec trois de ſes
Enfants Iean, Charles, & Pierre, & fut habiter en
la ville d'Auignon, laiſſant Anſelme Anſelmi à
Florence qui s'alia dans la maiſon des Gerardini &
eut vn Fils Alexandre, la Fille duquel fut mariée
en la famille de la Luna fauoriſée des Princes de
Medicis, en laquelle conſideration le Chaſteau
d'Elleſtiché di Chianti Conſei à eſté pluſieurs ans
occupé par ceux de cette famille, & conſerue
encore en ſon baſtiment les armes des Anſel-
mes, Iean premier fils de Bernard fut Pere de Dominique, & François, ce dernier eut long temps
l'intendence de la maiſon du Cardinal de Lorraine
& acquit la Seigneurie de Giucas poſſedée deſpuis
par ſon fils Iezeph grand Capitaine de ſon temps,
& homme d'Armes du Roy en Prouence, ſon ayſné
Dominique fut Seigneur de *Bloat* prés de Carpentras, poſſeda la charge de viguier d'Auignon, & de
ſon mariage auec vn florentine de la famille de
Biſcheri eut quatre fils tous grands perſonnages,
Claude l'aiſné fut Abbé de mont Maior, Iean s'at-
tacha au ſeruice du Legat le Cardinal de Farnerſe,

Antoine feruit la France & commenda long temps
vne gallere foubs le general Baron de la garde, &
Leon Stroffy grand Prieur de Capoüe , Pierre le
dernier de fes freres fuiuit la Cour ou il aquit beaucoup d'Eftime il fe Maria auantageufement auec
la Dame de vecors & mourut toute fois fans
enfans laiffant pour heritier Pierre fon neueu fils
de Louys & de Caterine de Cambis. Ce Pierre
d'Anfelme comparable aux plus grands Capitaines de fon temps commença de fe fignaler au fiege
de la Rochelle foubs le Duc d'Aniou qui defpuis
fut henry 3. lequel l'honnora d'vne compagnie
entretenuë en paix, & en guerre, il fut au fiege
de la Minerue en Prouence en qualité de colonel
de dix compagnies, ou il acquit tant de reputation
que quand le Marefchal da Bellegarde fut commandé d'aller à Saluce, ce Colonel y commenda toute l'infanterie comme Lieutenant general
dans tout le Marquifat, & aprés la mort dudit
Marefchal, il demeura general de l'armée en
Chef, ou il feruit fi vtilement par la prife de
diuerfes places & la deffaite des Efpagnols en
plufieurs rencontres que le *Roy* luy donna pour
recompence le gouuernement de Tarafcon, 50.
mille efcus, & deux compagnies entretenus, ce
grand Capitaine commenda encore toute l'infanterie françoife lors de l'entreprife fur la ville de
Geneue, ou fa valeur ne luy acquit pas moins
de reputation que fi la place eut efté empor-
tée, & ce fut par cette action qu'il entra fi fort

dans

l'eſtime du Duc de Sauoye que S. A. l'attira à
ſon ſeruice auec vn amploy tres conſiderable,
comme en parle le florentin Ierofme Portigian
en ces termes *Monſour Anſelmi Hoggi è Fermo-*
col noſtro Sereniſſimo Principe & é il primo homo
che ſua Alteſſa habia nellarmi & é molto ſti-
mato & Fauorito & certamente non ſenſa ra-
gione perque oltre le meriti de ſuo gran volore
& della granfama acquieſtata nelle guerre paſſate é
benigniſſimo & grandamente liberale, cét Illuſtre
guerrier fut aſſaſiné eſtant Gouuerneur du Mar-
quiſat de Saluce aprés auoir preſté vingt mille
eſcus à ſon Alteſſe, qui ſont encore deus à ſes
heritiers il laiſſa entre ſes fils, Honoré Page de la
Chambre du Duc de Sauoye, qui fut tué à laſ-
ſault ſur la breche de *Briqueras* le premier Octobre 1594. Guillaume ſon ayſné aprés auoir long
temps commandé deux compagnies d'arquebu-
ſiers à cheual ſoubs le Conneſtable de Mont-
morenci, ſe maria auec Izabelle des Comtes de
Pagan, dont il eut Pierre & Blanche d'Anſelme,
Blanche Nagueres decedée, auoit eſpouſé Meſſire
Siluain Deſſagnes Baron de S. George au Païs
de la Marche, Gentil-homme de cœur & d'eſprit
tout enſemble, & qui aprés auoir long temps
commandé vne compagnie de Cheuaux legers,
eſt mort Maiſtre de camp de Caualerie, laiſſant
pluſieurs enfants dignes de ſa vertu. Pierre
d'Anſelme à touſiours eſté dans l'employ auec
ſondit Beau-frere le Baron de Sainct George,

& a commandé son regiment plusieurs campagnes.

Roger 3. fils du Colonel est mort au Siege
de verue , seruant son Altesse de Sauoye, & à
laissé vn fils nommé André , qui à long-
temps commandé vne Compagniée d'Infanterie,
& dont le fils apelé Paul Esprit est à present
volontaire en la Catalogne.

Nicolas frere de *Bernard* d'Anselme , lequel à
continué la branche d'Italie ne se croyant pas
si coupable que ses parents , retourna à Florence,
ou il espousa Agnola Saluiati , fille de Cambio,
dont vint Cambio *Anselmi*, qui espousa Gene-
ure de Serue , & mena vne vie si retirée &
champestte , que le Pœte Verino parle en ces
termes de cette famille , comme si elle estoit
estinte.

Occidit Anselmi domus heu occidit omnis
Aut pauci existunt quos norim ex stirpa vetusta.

Ierosme son fils, espousa Marie Frescobardi ,
fille de François & de Barthelemie Acciaiuoli,
il fut tres sçauant & fit les Oraisons Funebres
du Grand Duc Cosme de Medicis, & du Duc
Horace Farneze , Il a esté loüé par le Pœte
Varchi, & plusieurs autres grands Escriuins de
son temps , & est mort Ministre d'Estat de
son Altesse de Toscane , pour viure tousiours
dans la memoire des hommes.

Cette famille porte pour Armes d'Asur freté
d'Argent de huict pieces , Cimier vne femme

vestuë d'vne peau de Lion, & vne Espée nuë à
la main.

Supports deux Lions auec cette deuise Ita-
liene, *Com feroz a pelle & viro heumano furo rossa
ane à qui me vera in mano.*

Ces Armes sont accompagnées de Drapeaux
à cause de la qualité de General d'Armée que
possedoit Pierre d'Anselme.

CIPRIANI.

L
A vertu ne differe du vice que par la feule
action, c'eft parmi les fuheurs qu'elle treuue
du rafraichiffement, & dedans le combat qu'elle
eft couronnée ; cebeau feu qui anime les ames nobles, leur faict bien fouuent abandonner leur pro-

pre païs, pour marcher ou les belles occasions les
appellent, & telz que les grands Fleuues, dont la
source est à peine cognüe, leur faict porter l'abondance, & le *Bruit* de leur renomée, loing du Cli-
mat qui leur à donné l'estre.

Les sanglantes factions des Guelfes & des Gibellins, ayant desolé plusieurs villes d'Italie, n'a pas
non plus espargné grand nombre d'Illustres familles, entre les quelles celle de *Cipriani* se peut con-
ter parmi celles dont les Autheurs Italiens font
plus de mention. Cette maison originaire de Fiezole en Toscane, & qui dans la Ville de Florence
auoit anciennement son habitation au Cartier de
saincte Marie Nouuelle, à donné des grands hommes à l'Eglise, aux Armes, & à cette Republique.
Richordana Malespini dans son Histoire de cet
estat remarque qu'auec *Galligao Galligai*, &
Rugieri Corbisi, vn *Guido Cipriani* fust faict
Cheualier de l'Esperon, par l'Empereur *Conrad
premier*, *Iean Vilani* met les *Cipriani* entre les
chefs des Gibellins, & les accompagne tousiours
des *Lamberti*, *Altouitti Tosqui*, & autres des re-
només de la Republique, *Dantes* les place dans
son Paradis, auec les premiers de Florence, & l'on
remarque que l'an 1280 lors que par l'entremise du
Cardinal *Latin*, la paix fut concluë entre les Guelfes & Gibellins, *Petrus Masnerius*, & *Rami Cipriani*, sont nommés entre les plus considerables qui
la signerent, comme sans doute ilz auoint esté des
plus puissans à maintenir les armes de leur parti.

Paolo Mini parlent de ceus qui estoint en consideration dans la republique des l'an 1200. marque entre plusieurs les Corbizi, Cossi, Cipriani, & il les nomme encore entre les familles Illustres qui auoint des Tours esleuées dans la Ville de Florence, & dans le quartier du S. Esprit y conte vn Gonfalonier de ce nom qui fut creé 1314. Zenobis Scolai Cipriani, fut celuy qui premier se retira de Florence, ou qui plustost se sauua de cet embrasement des diuisions Ciuiles qui consommoit tout son païs, & passa l'an 1341 à Vicence, ou il fut bien tost esleué par son merire à la dignité de Podesta, & bien tost aussi chassé par l'enuie, l'ordinaire ennemie des estrangers; mais enfin la fortune se soubmit à sa vertu & les Princes Albert & Martin de l'Escale, changerent son exil en triomphe, & le firent Couronner de la main de ses ennemis.

Despuis les mesmes factions des Guelfes & Gibelins, firent prendre vne semblable resolution à ceux qui resterent du nom de Cipriani, qui abandonnerent ce qui leur restoit de biens en leur païs, à prés que leur maison fust bruslée, pour acquerir ailleurs plus de gloire, Luca Cipriani alla habiter à Prato, ou il à formé vne branche qui continue encore en la personne de Luca Cipriani, qui l'an mil six cens quarãte huict, fut visiter ses parents de France, & logea à Marseille en la maison du Sieur Lieutenant de Cipriani.

Son frere Giouannale passa en Corsegue l'an mil quatre cens cinquante sept, ou Simone Damara estoit lors souuerain de Cap de Corse, la

noftre eftranger rendit de fi importens feruices à
ce Prince, qu'il fut incontinent defchargé des tail-
les, impofitions, & autres charges, dont on affran-
chit les Nobles de ce païs, au raport de Philipini
Archediacre de Mariana en fon hiftoire de Corfegue; mais defpuis cette terre deuenant vn cal-
me trop importun à la valeur de fes defcendans,
Orfo Sancto Cipriani fon petit fils paffa en France,
auec le fameux Marefchal d'Ornano. Ce fut à lef-
colle de ce Grand Capitaine, qu'il apprit le meftier
de la Guerre, & qu'il deuint bon François, & d'vne
fidellité fi efpreuuée, qu'aprés diuerfes campagnes
qu'il paffa dans nos Armées, s'eftant retiré à Marfeille, Cazaux l'vfurpateur de l'authorité Royalle
en cette Ville, l'en chaffa, depeur qu'vn fi bon &
fidelle fubjet du Roy, deuenant le tefmoing de fa
trahifon, ne fen rendit auffi le vengeur. Il accompagna plufieurs perfonnes de marque en cét
exil fi glorieux, d'ou il ne retourna qu'aprés la
mort du Tyran; il fut Baron de Cabries, Seigneur de Trebilliane, & autres places, & c'eft de
luy & de fa famille dont parle auffi Antonio Philipini Archidiacre de Mariana en fon Hiftoire des
maifons nobles de Corfegue *en la cita di Maßilia
fe troua encora orfo fancto Cipriani della villa d'Hor-
tinola antiquißima cafa,* ce Baron de Cabries euft
de Damoifelle de Seguier, que l'on croit de la famille de Monfeigneur le Chancelier, Baltazar de Cipriani auffi Baron de Cabries, l'aifné, & principal
heritier de la vertu de fes anceftres, qui fage politique

tique comme bon foldat, merita deftre choisi par le Roy à la charge de premier Conful, & gouuerneur de Marfeille, au temps que les principaux de cette ville eftoient en contefte pour exercer cette dignité. Il donna des certaines preuues de fa ualeur au fiege de Monpelier, comme defpuis aux Iles de S. Honorat, & autres occafions ou l'honneur appelle ceux de fa condition. Il auoit efpoufé Dame Blache de Vente, de famille tres noble originaire de Gènes, de la qu'elle nayant point eu d'Enfans, il à laiffe fon heritage à Meffire Baltazar de Cipriani fon nepueu, fils de Iean Pol, & de dame Honorade de Fourbin de Gardane, dont la naiffance eft ægalle aux plus Illuftres de cette prouince. Ce fils Balthazar Deuziefme du nom à prefent Baron de Cabries, Seigneur de Trebilleine, de S. Amand, & autres places, eft encore plus puiffant es belles qualités qu'il retient de ceux de fon fang, il a ferui le Roy en diuerfes rencontres, & á commandé vne compagnie dans le regiment des gouuerneurs de cette prouince, il s'eft marié auec la Damoifelle de Guiran fille du Prefident de la Brillane des plus nobles familles de la ville d'Aix. La Tige de Cipriani á formé encore vne Blanche dans la mefme ville de Marfeille, & Fornelie Cipriani Frere d'Orfo Sancto euft en Corfegue vn filz nommé Simon, qui comme les fiens fuiuit en France la fortune du Marefchal d'Ornano, & efpoufá à Marfeille Damoifelle Venture d'Auguftini, fœur de feu Meffire Marc-Antoine d'Auguftine Seigneur de Seteme l'vn des plus accomplis gentils hommes de Marseille, & qui a merité destre esleu par le Roy dans la charge de premier Consul de la ditte ville, de laqu'elle il eust Monsieur Balta-zar de Cipriani qui exerce auiourd'huy vne charge de Lieutenent au Seneschal de Marseille, auec tant de suffisance, & de probité, que le *Roy* la iugé digne d'estre honoré par ses letre Patentes de la charge de Conseillier en tous ses Conseils. il s'est aquis l'estime des gouerneurs de la prouince, & à receu souuent des temoignages d'affection de Monseigneur le Chancelier par plusieurs letres que i'ay veues. Il a espousé Dame Blanche de Tornier de Sainct Victoret, de tres noble & Illustre maison du Milanois, qui a faict Branche a Marseille despuis enuirondeux siecles, & dont lanciene Souche refleurit encore auiourd'huy a milan, en la persone du Marquis Tornieri, Seigneur des plus considerables de la Lombardie. Les armes de Cipriani sont dazur a trois triangles d'Or, Cimier vn serpent qui en presse vn autre, deuise *semper idem* pour tesmoigner que les Cipriani de bona guida, comme les nóme Iacobo Nardi en son Catalogue des Gonfaloniers, ont touiours esté conduits sur les pas de la vertu, qu'il ont plus estimée, que tous les biens de la fortune, & qui leur a faict trouuer leur patrie en toutes terres qu'ils ont habitées, & les paroles d'Ouide tres veritables *omne solum forti patria est.*

ALBERTI.

IL n'y a point de chesnes si fortes que celles qui engagent le cœur, les obligations establissent des Empires dans les ames recognoissantes; & les rendent ingenieuses pour en perpetuer le souuenir.

Ricordano Malespini escrit, que la Ville Florence

apelle Charles Magne fon reftaurateur, & r'aporte que cét Empereur fit rebaftir les murs de fon encinte, 351 an apres que Totilla l'eut d'ftruicte : mais qu'elle recognoift auffi pour fes bien-faicteurs les Fiegiouanni, Figuineldi, les Comtes Alberti, & autres anciens Citadins, dont le merite & les inftances toucherent la generofité de noftre Monarque.

La maifon d'Alberti dont l'Origine eft mefme cachée au huictiefme fiecle, à d'autant plus efclaté en grads perfonnages ; qui succeffiuement ont Illuftré la Republique de Florence. Iean Vilani, & Paulo Mini placent les Seigneurs de ce nom dans tous les rangs de Magiftrature, & de fuperiorité, & difent que les Altouiti, Bardi, Alberti, Baroncelli & quelques autres eftoient des plus puiffants & confiderés dans l'eftat des l'an 1200. le mefme Vilani dans le xi de fon Hiftoire r'aporte que l'an 1338 il y auoit à Florence plus de 250 Cheualiers de lefperon d'Or ; lefquels dit il, viuoient fplendidement és temps de paix & de guerre ; & tenoient table ouuerte à tous les Eftrangers, pour l'exemple defquels Paolo Mini remarque feulement les trois fuiuants, Corfo Donati, Francefco Rinuccini, & Anthonio Alberti : l'vn defquels Rinuccini laiffa par teftament, cent quatrevingt mille ducats. Les Alberti qui auoient leur habitation dans le quartier de faincte Croix, poffedoient auffi les plus fuperbes batiments de la ville, & de la campagne ; & entroient dans les plus Eminantes charges de la Republique : ils ont efté plufieurs fois Prieurs & Seigneurs de la Liberté defpuis l'an 1282 jufques à

l'extinction de cette Magiſtrature. Iïoüani Alberti fut
creé du nombre des 48. Conſeillers & Miniſtres de
l'Eſtat de Florence, ſoubs la ſouueraineté du Prince
Allexandre fils du Duc d'Vrbin 1531. ayant pour com-
pagnons Raffaël de Medici, Bernardo Gondy, &
autres de cette qualité, que nomme Paulo Mini en
ſon diſcours de la Nobleſſe de Florence. Le meſme
autheur eſcrit que Pierre Farneze eſtant crée General
d'Armée de la Republique l'an 1362. pour aller contre
les Pizans, il reçeut le baſton de commendement des
mains de Nicolas Alberti lors Gonfalonnier de Iuſtice, & ſouuerain de l'Eſtat de Florence. le Prioriſte ou
liure des reformations conte iuſques à onze Gonfalonniers de cette maiſon; deſpuis l'an 1289. Ma-
chiauel nomme Thomas Strozzi, & Benoiſt Alberri,
Gouuerneurs & Gardiens de la ville pour l'Eſtat po-
pulaire; mais cóme ces torrents ne ſont pas de durée,
la Nobleſſe ayant repris ſa premiere authorité, ce mé-
me Benoiſt fut exilé de la republique l'an 1370. ſes ſucceſſeurs ont toutefois cótinué de poſſeder les meſmes
dignites: l'Egliſe meſme à reçeu dás le Sacré College
l'Eminentiſſime Alberto di Alberti, Eueſque de Ca-
merino, qui fut crée Cardinal par le Pape Eugene
quatrieſme l'an 1439. l'Eſtat de Florence ayant changé de forme; lors que l'an 1532 il paſſa ſoubs la puiſ-
ſance des Princes de Medicis; les Seigneurs Alberti
ont encore eſté cóſideres par ces ſouuerains, qui en ót
reçeu pluſieurs dans le Conſeils des 40 Senateurs,
que le grand Duc choiſit entre les plus nobles, &
qualifies, pour l'adminiſtration de la Iuſtice. auſſi ſont

ils comptés par Paolo Mini dans le rang de 60. familles qui de son temps auoient des Cheualiers de Malthe : il commence par les Spini, Martelli, Rondinelli, Delbenino, Pucci, Ginori, Ghaëtani Alberti, Buondelmonti, &c. Les clartés de la naiscence ne leurs ont point rendu les lettres obscures ; ils ont meslé le pognard auec l'Illiade d'Omere, & ont parfaictement possedé les deux minerues. Leon Baptista Alberti, fut vn des grands mathematiciens & architectes de son temps, comme il paroist par ses œures qu'il dedia au magnifique Prince Laurent de Medicis. Francesco Leonardo Alberti que Paulo Mini apelle *Imitator di Pausania* ne se rendit pas moins fameux entre les Historiens de Toscane, & les excellentes vertus de ces grands hommes font parler toutes les bouches de la renommée, sans quelle nous aprenne le subjet ny le temps precis de leur retraicte en ce Royaume, ou elle à formé diuerses Branches és villes d'Aix, Arles, & Aubagne, l'estime toute fois que le plus ancien ramgau qui ait pris racine hors de la Toscane se soit aresté dans la terre de Nice de Prouence, ou plusieurs de ce mesme nom font encore leur demeure. Cette verité se justifie par le testament de Nicolas Alberti, passé en la ville d'Arles par le Notaire Claret, le 28 Septembre de l'an 1580. le quel nomme Barthelemy Alberti de Nice son Cousin, & le charge de faire tailler en marbre blanc, les principaux misteres de la vie de nostre dame, pour lembellisement d'vne Chapelle qu'il auroit fondée, & faict bastir en l'Eglise des Peres Carmes de la ditte

ville

ville. le mefme qualifié par cet acte Gentil-hôme d'Arles & maiftre des ports ou Lieutenant de l'admirauté;
fe dit expreffément fils de Marc. Gentil-homme iffu de
la fameufe & Illuftre maifon des Alberti de Florence.

Le couchant de ce teftateur à Arles; eftoit l'orient
de Iofeph Alberti en la ville d'Aix : ce gentil-homme dont les Nobles fentiments furent dignes de leur
principe fe rendit fi confiderable par fon fçauoir, &
grande fuffifance au maniment des affaires; qu'il fut
receu Confeiller au Parlement de Prouence en Auril
de l'an 1600. dix ans aprés eftant à la Cour, le Roy
l'honora du breuet de Gentil-homme de fa chambre,
comme il paroift par l'original du 14. Auril 1610. fig-
né Henry & plus bas Ruzé. Marc Antoine fon fils
marchât fur fes mefmes traces; à merité de fe placer
comme luy fur les Fleurs de Lys, dans le mefme
corps fouuerain de Prouence. Il à efté reçeu Confeiller l'an 1633. & à efpoufé Damoifelle Gabrielle de
Clapiers, Colongues, de tres noble maifon, qui conte entre ceux de fon fang, deux Illuftres Prelats Euef-
ques de Toulon, plufieurs Cheualiers de Rodes, &
autres grands Capitaines qui ont eu commandemét
dans nos armées. Monfieur le Côfeiller d'Albert à de
fon mariage entre plufieurs enfans trois fils. Fraçois,
Iofeph & Charles, qui font de prefent aux eftudes, &
que lon efleue fur le modelle de leurs nobles Ayeuls.

La maifon d'Alberti que nous difons en France
d'Albert porte pour Armes d'azur, à vn anneau d'argent en abifme, auquel font attachées quatre chefnes
d'or mifes en fautoir. Cimier vn Lyon naiffant. Supports deux Liôs de mefme. deuize *His aftringor catenis:*

BANDINI, BARONCELI.

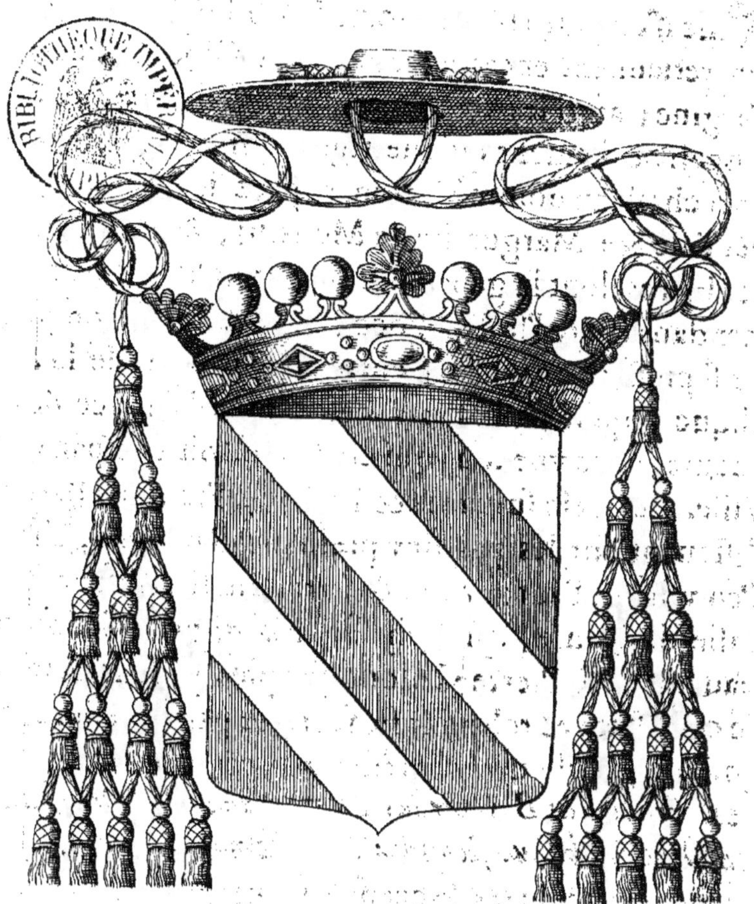

L'HISTOIRE nous donne des exemples de plusieurs maisons, qui produisans diuerses branches
ont aussi pris des noms differens, quoy qu'ils ayent continué de porter les mesmes armes de leurs maisons. La
tres-illustre famille de Laual en Bretagne n'a pas changé les armes de Montmorency dont elle est issuë, quoy
qu'elle

qu'elle n'en porte plus le nom. Les Thomasselles de Naples retiennent encores les armes de Cibo leur ancienne Origine; ainsi les Seigneurs du nom de Bandini & Baronceli ne forment qu'vne tige, qui a pris son origine d'vn chasteau nommé Baroncel prez de Florence, à vne lieuë de Ste. Marguerite de Montisij, & qui a produit des Heros dont la genereuse ambition les a fait renommer dans toute l'Italie. Foco Baronceli l'an 1200. se rendit si puissant & redouté entre les Citoyens de la Republique, qu'il fit bastir vn fort prez la place des Seigneurs, auec vne tour qui commandoit vne partie de la Ville. Le siecle suiuant, & l'an 1354. François Baronceli s'esleuant sur les pas des premiers Romains, s'efforça d'en vsurper l'authorité, & se rendit si puissant dans la Ville de Rome, qu'il chassa de la dignité Senatorialle Iean Vrsin & Pierre Colone les plus grands Seigneurs de cet Estat : & releuant sa fortune par son courage augmenta pareillement ses tiltres de ces paroles souueraines. *Franciscus Baroncellus Scriba Senatus, Dei gratia alma Vrbis Tribunus secundus, ac Romanus Consul.*

Iaques l'vn de ses successeurs, magnifique en diuers edifices qu'il fit bastir ez enuirons de Florence, fut le premier de sa famille qui témoigna l'inclination qu'il auoit pour nos Roys de Françe, logeant le Roy Charles de Valois en sa belle maison de Herchetoy, où il regala sa Majesté auec toute sa suite : du depuis l'vn de ses petits neueux fit branche en France; & ce fut Pierre Baronceli trois fois Consul d'Auignon, Ambassadeur pour la Ville vers le Pape, & vne fois à la Cour de France. Il espousa Eleonor de Pacis fille d'Aleman, Seigneur d'Aubignan,

issu

issu de la mefme Republique de Florence, dõt il eut pour
fils & heritier Iulien Baronceli, qui eut l'honneur d'efpoufer la Niece du Pape Iules deuxiefme de la maifon de
la Ruuere : François fon neueu luy fucceda, & fut Ambaffadeur vers les Papes Iules troifiefme & Leon dixiefme ; le dernier defquels luy fit don de la Seigneurie de
Iauon, que poffedent encores aujourd'huy les aifnez de
cette race. Le mefme François fut depuis enuoyé Ambaffadeur vers le Roy, & fut ayeul de Barthelemy Baronceli, qui refueillant en fa perfonne vne plus ardente
affection pour le feruice de la Couronne, prit les armes
dedans nos troupes, & fe fignala en diuerfes occafions
d'honneur qui luy firent meriter le Colier de l'Ordre du
Roy. Il fut pere de George, qui de Marguerite de Fortia
fa femme eut pour fils Paul Barthelemy de Baronceli,
Seigneur de Iauon, aujourd'huy viuant ; & dont les
actions ne dementent en rien la grandeur de fon extraction, dont l'ancienneté paroit encores à Florence en diuers baftimens & edifices facrez. Il y a encores vne ruë
prez du Palais de la Seigneurie qui porte le nom de Baronceli ; leur Chapelle de fepulture eft à Sainte Croix,
où fe voyent encores leurs eftendars & banniere, de
mefme qu'en la Parroiffe de S. Pierre Scarille, & plufieurs autres lieux de la Ville. Les Chroniques & Illu-
ftrations de la Republique placent ceux de ce nom auec
les Albifi, les Baldi, Stroci, Caponi, Peruffi, Soderini, &
autres principaux Cheualiers de cet Eftat. Le Seigneur
de Iauon a pris en mariage Damoifelle Marguerite d'A-
ftaud de Murs, iffuë d'vne illuftre maifon d'Efcoffe,
dont il a George Iofeph pour fils & ynique heritier.

Ceux

Ceux qui ont pris le nom de Bandini sont restez en Italie ; mais ils n'ont pas eu moins de bienueillance pour la France : Iean Bandini se fit remarquer au siege de Florence, lors qu'il resta victorieux dans vn combat singulier qu'il rendit en presence de Philibert Prince d'Orenge, l'vn des Generaux de l'Empereur : mais on ne peut assez loüer le merite, la pieté, & le sçauoir d'Octaue Bandini Cardinal du tiltre de S. Sabine, fils de Pierre Antoine & de Cassandre Caualcanti, lequel conserua auec ses deux freres vne estroite affection pour le seruice de la France, dont ils donnerent des sensibles preuues par leurs biens, leur credit, & leur propre vie. Ce Prince de l'Eglise donna des singulieres marques de cette passion, au temps que le Roy Henry le Grand tenoit ses Ambassadeurs à Rome pour obtenir son absolution du S. Siege. Ce fut lors qu'il refusa la pension qui luy fut offerte de la part d'Espagne, & que le lendemain de sa promotion au Cardinalat, il dit tout haut que luy & les siens auoient tousiours esté seruiteurs de la Couronne de France : que son frere le Colonnel estoit mort au seruice du Roy sous le Connestable de Montmorency, en pressant la Ville de Narbonne de se ranger à l'obeyssance de sa Majesté ; que Mario Bandini son cadet auoit presté des grandes sommes au Roy Henry troisiesme, & que de luy il estoit prest d'employer l'vn & l'autre pour faire preuue de sa passion pour l'accroissement de cet Empire. Le Cardinal d'Ossat dans ses lettres loüe souuent le zele & l'ardeur dont ce Prelat estoit animé pour nos aduantages qu'il porta en Cour de Rome aussi hautement qu'aucun autre Prince de sa condition. Il

estoit

eſtoit d'ailleurs tres-eloquent & d'vne profonde doctrine, il prononça l'Oraiſon Funebre de Coſme de Medicis grand Duc de Toſcane : & par pluſieurs autres
actions de grande capacité & iugement il parut entre
les premiers du ſacré College, duquel il mourut le Do-
yen. La maiſon de Bandini & Baronceli alliée à celle
de Saluiaty, Strocy, Tornaboni, Bardi, & Buffalini eſt
finie en cette derniere famille des Comtes de Buffalini,
qui continuent de rendre à la France les meſmes expreſ-
ſions d'affection & de ſeruice.

Ces deux maiſons qui partent d'vne ſeule, dans laquelle il y a eu huict Gonfaloniers, depuis François fils
de Gamor Baronceli, eſleu l'an 1325. iuſques à Pierre fils
de Iean qu'il fut l'an 1420. portent pour armes, d'argent
& de gueules ; cimier vn bras veſtu de l'émail de l'eſcu,
tenant vne maſſuë ; ſupport deux enfans de carnation;
deuiſe *Baronceli Bene*.

ALLAMANI.

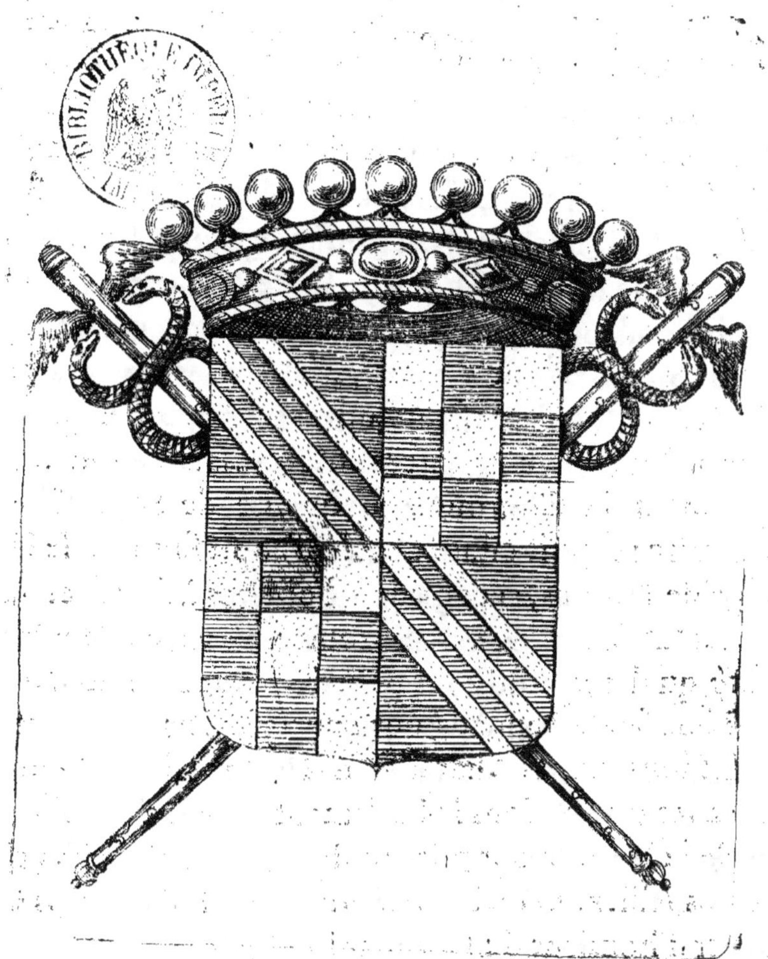

SI la valeur heroïque est tousiours armée contre les
injures de la fortune, les Muses ne manquent point
de charmes pour en eluder la violence ; & l'on trouue
encores des Orphées, qui sçauent enchanter leurs dis-
graces par l'harmonie de leur Lyre.

Aloysio Allamani aussi excellent Poëte que braue
Gentilhomme

Gentilhomme, se voyant banny de la Cour du Prince
Alexandre de Medicis, ne trouua pas toutesfois les che-
mins de la gloire fermez à son merite ; & le grand Roy
François le Restaurateur des lettres & le Protecteur des
Illustres malheureux, receut genereusement ce noble
affligé, de mesme qu'il estoit arriué à ses Oncles, Tho-
mas, & Guigue Allamani, qui ne pouuans souffrir les
diuisions de la Republique de Florence, se retirerent en
France enuiron l'an 1478. & formerent deux branches,
en Languedoc & en Touraine : Thomas, Seigneur de
Chastellet, & de plusieurs autres terres qu'il acquit en
Languedoc, eut entr'autres enfans Claude, qui seruit
dignement la Couronne en qualité de Seneschal de
Beaucaire : depuis estant accusé d'auoir fait tuër le Iuge
Mage de Nismes, cet accident l'obligea à se retirer dans
le Comtat d'Auignon, sans toutesfois varier dans la fidelité qu'il eut tousiours pour le seruice de nos Roys,
ainsi que ses descendans ont continué en toute sorte de
professions. Lucas Allamani fut Euesque de Mascon, &
eut de ses Parens dans le Parlement de Paris ; quelques-
vns de la Famille ont pris employ dans l'Estat des Princes nos Alliez. Gaucher Allamani fut long-temps Camerier d'honneur du Pape Paul cinquiesme, & dans ce
dernier temps le Prince d'Orenge fit choix de Messire
Esprit Allamani, Seigneur de Chasteauneuf, pour estre
premier President au Parlement de sa Principauté ; laquelle charge il a si dignement remplie, que le souuenir
de ses hautes vertus ne sçauroit mourir parmy les sujets
de cet Estat. Il a laissé cinq fils, entre lesquels Messire
Scipiõ Allamani, ou d'Allemã, aujourd'huy Archidiacre

de

de N. Dame de Doms Cathedrale d'Auignon, tres-noble
& vertueux Ecclesiastique, non moins affectionné à la
France que ses Freres, qui ont porté les armes pour son
seruice, & esleuent encores leurs Enfans aux mesmes
inclinations; ce beau sang ne s'estant iamais démenty
dans la suite des années. L'autre branche d'Allamani
subsiste encores glorieusement ez personnes du Comte
de Concursot en Touraine, & du President de Guey-
pian, tous deux issus de Guigue, Oncle de nostre celebre Poëte & fameux Orateur Aloysio Allamani, qui ne
pouuant assez reconnoistre les bontez de son Bienfa-
cteur, composa diuerses Poësies à la gloire de ce Monarque, comme à la honte de ses ennemis, entre lesquelles il mit au iour vn Dialogue Italien du Coq François, qui faisoit reproche à l'Aigle Imperialle de ce qu'elle portoit deux becs pour faire plus de rapine : *Aquila
grisagna*, disoit-il, *chai perpiu deuorar due bechi porra*. Cette
satyre mordāte passa iusques à la Cour de Charles Quint
qui s'en ressouuint encores apres la paix faite entre les
deux Couronnes, dans lequel temps le Roy enuoya Allamani son Ambassadeur vers sa Majesté Imperialle, qui
apres diuerses Audiances, le fit tomber sur le discours de
l'Aigle & du Coq, & luy repeta ces mesmes paroles Italiennes dont il estoit l'Autheur : alors nostre Ambassadeur sans varier respondit à l'Empereur d'vn visage as-
seuré, & d'vn esprit present, puisque ces vers sont all z
iusques à vostre Majesté Imperialle, i'aduoüe que ie les
ay composez comme Poëte à qui il est permis de feindre,
& qui maintenant parle en Ambassadeur, auquel il sied
mal en toutes façons de mentir, & principalement à moy
qui

qui suis enuoyé par vn Prince tres-sincere comme le mien, vers vn autre Monarque tres-sincere comme voſtre Majeſté : i'eſcriuois en ce temps-là comme vn ieune homme, ie raiſonne aujourd'huy comme vn vieillard : autresfois indigné de me voir chaſſé de ma Patrie, & à preſent dépoüillé de toute paſſion, & tres-content de voir que voſtre Majeſté ne fauoriſe plus l'iniuſtice. Cette reſponſe fut ſi agreable à l'Empereur, que ſe leuant pour aller à table il luy mit la main ſur l'eſpaule, en luy diſant qu'il ne deuoit pas ſe plaindre de ſon exil, eſtant appuyé de la bienueillance d'vn ſi grand Prince que le Roy de France ; que les hommes de vertu trouuent leur Patrie en tous lieux, & qu'il eſtoit aſſeuré que le Duc Alexandre de Medicis auoit beaucoup de regret d'eſtre ſeparé d'vne perſonne ſi ſage, & de tant d'eſprit : & du depuis l'Empereur l'eut touſiours en tres-particuliere eſtime. Cette maiſon d'Allamani a pris alliance ez meilleures maiſons de Prouence, comme ſont celles de Sado, Venaſque, Vaqueras, Bedoüin, Aſtaud, & pluſieurs autres : donnant meſme des filles ez plus nobles maiſons du pays, comme eſt celle de Raymond Modene, en laquelle fut mariée Madame Catherine d'Alleman, femme de François de Raymond, Seigneur de Modene, grand Preuoſt de France, & mere de pluſieurs hommes de merite & de courage, entre leſquels Eſprit de Raymond, qui n'agueres commandoit la Caualerie dans l'armée du Duc de Guiſe au Royaume de Naples, & qui de Marguerite de la Baume de Suſe ſa femme a eu le genereux Baron de Gordan digne du ſang des Princes, auſquels il a l'honneur d'eſtre allié.

La

la maiſon d'Allamani ou d'Alleman, porte pour armes d'azur, à trois tierces d'or en bande, & ceux qui
ſont iſſus de Claude Allamany, fils de l'heritiere du
nom, & des biens de la famille Daſtaud les portent
eſcartelées de cinq point d'or equipolés de quatre d'a-
zur, comme elles paroiſſent grauées ſi deſſus, accompagnées de deux Caducées de France, poſés enſau-
toir, à cauſe de la dignité d'Ambaſſadeur, qu'auoit
poſſedé Alloiſio Allamany : il y a encore vne branche
de cette meſme ſouche au Royaume de Pologne,
qui toutesfois porte des armes diferentes, comme la
remarqué le ſieur de Bleranual, en ſon liure de voya-
ges, le cimier eſt vne Vierge veſtüe de l'eſmail de l'eſcu, courõnée de Laurier, dont elle tient vne autres couronne en la main, lors que les Allamany, & les Paſſis,
eſtoient Tribuns de la Republique, ils portoient en
leur enſeigne vn monoceros.

www.ingramcontent.com/pod-product-compliance
Lightning Source LLC
LaVergne TN
LVHW021847170726
843503LV00003B/1104